2014

中国理财市场报告

THE REPORT OF
CHINA FINANCE MARKET

上海《理财周刊》社 第一理财网 编著
复旦大学金融研究院 学术支持

上海人民出版社

撰　稿：戴庆民　顾少华　武晓丽
　　　　钱继华

目　录

图表目录

一、2013 年理财产品市场综述

本章概要

2013 年,世界经济在经历了漫长的金融危机荼毒之后,终于开始真正显露出复苏的势头。在世界主要经济体中,美国的情况无疑最为乐观,经济持续复苏,甚至在 2013 年末迈出了结束量化宽松的第一步;日本经济也出现了明显的好转迹象,在"安倍经济学"的刺激下,日本经济连续四个季度出现正增长;欧元区虽然由于种种原因而复苏进程缓慢,但总体情况好转也是不争的事实。

当然,目前的这种复苏势头依然较为脆弱,任何意外都有可能对复苏造成不利的影响。

中国经济虽然在 2013 年依然存在着各种问题,但是依旧稳定的增长速度也为世界经济的复苏起到了"定海神针"的作用。

不过,随着世界主要经济体的复苏,新兴经济体的增长情况却难以令人满意。世界范围内的资金流向,对新兴经济体产生了不利的影响。

(一) 海外市场——经济复苏初现曙光

对于 2013 年,可能存在着各种各样的解读。有的看法认为,世界经济依然处于低谷,并未出现全面的复苏迹象,有些经济体的情况依然难以令人放心,例如欧元区;有的看法则认为,世界经济已经开始走出低谷,情况正趋于好转。

究竟该如何判断 2013 年的世界经济呢? 意见的分歧其实恰恰说明了问题。金融危机肆虐之时,所有的意见都是"一面倒"的;而目前开始出现一些积极的观点,也恰恰说明了最困难的时刻已经过去,更多的积极因素正在显现。俗话说"病来如山倒,病去如抽丝",世界经济犹如身染重疾的病人,不可能指望其一夜之间就"生龙活虎"。从 2013 年的情况来看,世界经济的"病情"并没有继续加重,而是不同程度地开始出现"好转"迹象,虽然进程依然存在波折,可能有所反复,但是总体而言,复苏的曙光初现!

1. 美国经济复苏明显

2013 年美国经济复苏的势头继续向好。相关数据显示，2013 年美国国内消费同比增长 1.5%，家庭消费增长 14.6%，失业人口进一步减少。而能更进一步说明美国经济向好的证据则是，美联储缩减量化宽松（QE）货币政策的决定。

2013 年 12 月 18 日，美联储决定，将从 2014 年 1 月开始，将每个月 850 亿美元的资产采购规模削减至每个月 750 亿美元。其中，国债采购规模从每个月 450 亿美元降至 400 亿美元，抵押贷款担保证券的采购规模从每个月 400 亿美元降至 350 亿美元。这一决定标志着美联储在金融危机后实施 5 年的三轮量化宽松货币政策开始进入退出过程。

而这一决定显然超出市场的预期，市场对于缩减 QE 时间节点普遍的预期是在 2014 年的第一季度稍后的时间。这一异乎寻常的决定事实上也反映出了美联储对于美国经济复苏前景的乐观预期。

货币宽松政策自金融危机爆发以来就被美国作为刺激经济复苏的常规武器，一而再、再而三地运用。而宽松政策的退出，也直接说明了美国经济政策调控正趋于常态化管理。

与此同时，美国共和党以及民主党两党之间的斗争在 2013 年也趋于白热化。围绕着财政预算问题，两党展开了历时弥长的角逐，长时间的争执不下，最终一度导致美国政府的关门。后来问题虽然得以缓解，但并未得到真正解决，两党之间的斗争或将延续到 2014 年。

表 1-1　2013 年美国政府"关门"大事记

1 月 1 日	美国国会参、众两院先后投票通过解决"财政悬崖"问题的议案，为解决"财政悬崖"消除了关键的法律障碍。
1 月 19 日	美国众议院多数党领袖、共和党人埃里克·坎托发表声明说，众议院将批准将债务上限临时提高 3 个月的方案，为两党在财政问题上的磋商留出更多时间。
2 月 1 日	美国国会参议院投票通过了短期延长公共债务上限的议案，允许美国财政部继续发行国债至 5 月 19 日以维持联邦政府运营，这标志着美国联邦政府短期内将避免"断粮"的风险。
3 月 1 日	由于美国民主、共和两党无法在削减赤字问题上弥合分歧，美国财政自动减赤机制正式启动，本财年将强制削减财政开支约 1 090 亿美元。

(续表)

3月6日	美国国会众议院通过本财年(截至2013年9月底)下半年总额约为9 840亿美元的联邦政府预算临时拨款议案,以避免美国联邦政府在3月底出现关门危机。
5月19日	美国联邦政府举债额度当天再度"撞线"。此前,美国国会两党在2013年1月底达成协议,允许暂时解除债务上限管制到5月18日,意味着在这个日期前美国财政部可以继续发债以履行偿付义务。
8月2日	美国提高法定债务上限的最后期限到来,美国国会民主、共和两党之间的谈判依旧陷入僵局。
10月1日	美国联邦政府的2014财年已经从10月1日开始,由于美国民主、共和两党尚未解决新财年的政府预算分歧,联邦政府的非核心部门被迫关门,此次联邦政府"关门"风波将持续多久取决于两党何时能解决预算分歧。
10月17日	凌晨,美国总统奥巴马签署法案,宣告结束政府关门并上调债务上限。法案将使政府在2014年1月15日之前处于开门状态,并提高债务上限直至2014年2月7日。沸沸扬扬的美债违约危机终于在最后时刻以美国参众两院通过提高债务上限方案而暂时缓解。

2. 欧洲触底弱反弹

2013年,欧洲在大部分的时间段内都表现疲弱,依然挣扎于"泥潭"之内。"债务危机"以及"经济复苏"这两大问题,在很长时间内困扰着欧洲国家。由于欧洲国家之间各自的现实状况存在很大的差异性,因此,基于各自国家现实状况考虑所要解决的问题也有着明显不同的诉求。

对于欧洲而言,在2013年的前三季度,依然是坏消息不断。如何帮助深陷"欧债"危机的国家早日脱身,成为首要解决的问题。而到了2013年的第四季度,终于开始有好消息传出,透露出些许"曙光"。

在2013年初,"欧债"问题依然是欧洲所着力解决的首要问题。爱尔兰、葡萄牙、西班牙、意大利、希腊、塞浦路斯等国家的债务危机问题依然在持续发酵中,并且情况有进一步恶化的趋势。如2013年3月8日,国际三大评级机构之一惠誉将意大利长期主权信用评级从A-下调一级至BBB+,评级展望为负面;3月21日,国际信用评级机构标准普尔公司宣布,下调塞浦路斯长期主权信用评级,由CCC+下降一档至CCC,评级展望为"负面";3月26日,惠誉宣布将塞浦路斯评级列入负面观察名单,表明该机构短期内对塞主权信用评级进行下调的可能性上升;甚至,这一信用评级下调也波及英国以及法国。

2013 年 3 月 22 日,惠誉公司宣布,将英国的 AAA 长期发行人违约评级列入负面观察名单,表明该机构在短期内对英国主权信用评级进行下调的可能性上升;最终于 4 月 19 日,惠誉公司宣布下调英国主权信用评级,由 AAA 下降一档至 AA+,评级展望为"稳定"。7 月 12 日,惠誉将法国主权信用评级从最优的"AAA"级下调至"AA+",评级展望前景为"稳定"。

对于这些已经很难通过自身努力来摆脱"欧债"的国家,国际货币基金组织以及欧盟采取了一系列的措施予以援手。如 2013 年 1 月,国际货币基金组织批准向葡萄牙发放约 8.388 亿欧元(约合 11.16 亿美元)救助贷款;2 月,爱尔兰政府与欧洲央行达成有关益格鲁—爱尔兰银行的债务展期安排,这意味着爱尔兰未来 10 年将不必每年负担高达 31 亿欧元(约 41.5 亿美元)的债务成本;3 月,欧盟委员会、欧洲央行和国际货币基金组织同意向葡发放总额为 20 亿欧元(约合 26 亿美元)的援助款;3 月 21 日,欧洲央行宣布,在 3 月 25 日之前将继续为塞浦路斯提供紧急流动性支持;7 月,欧元区副财长会议同意向希腊发放总计 40 亿欧元的救助金。

在一系列的救助之后,好消息终于出现。2013 年 11 月,惠誉将西班牙评级展望从负面上调至稳定。12 月,爱尔兰宣布将按计划正式退出欧盟及国际货币基金组织的救助计划,成为欧元区第一个退出救助计划的国家。很显然,在一些原本基础较好的国家中,"欧债"危机的影响正在逐渐减弱,情况正在向好的一面发展。

2013 年,欧洲也维持着宽松的货币政策,欧元区主导利率由年初的 0.75% 的水准逐渐下调,最终降至 0.25% 的水平;而英镑的基准利率也维持在了 0.5% 的水平。由于欧洲的经济复苏势头明显弱于其他地区,因此其宽松货币政策预计仍将维持较长的时间。

3. 贸易摩擦频频

由于经济复苏是大多数发达国家的首要目标,刺激内需、扩大外需成为共同的选择。在这种情况之下,贸易摩擦成为 2013 年常见现象。而其中,发达国家与新兴市场国家之间,尤其是发达国家与中国之间的贸易摩擦更是高频出现。

表 1-2   2013 年部分与中国相关的贸易争端

2 月 26 日	世界贸易组织就欧盟诉中国 X 射线安检设备最终反倾销措施争端案发布专家组报告认为,中国的一些做法违反了世贸组织《反倾销协定》的相关规定,对欧盟的利益造成了损害。但在部分争议问题上,专家组驳回了欧盟的诉求。
2 月 28 日	欧盟委员会宣布,即日起启动对中国太阳能玻璃反倾销调查。根据欧盟相关法规,欧盟委员会拟于 9 个月后对调查作出初裁,决定是否对涉及产品征收临时性反倾销税。
3 月 5 日	欧盟委员会发布公告称,欧盟将自 3 月 6 日起对产自中国的光伏产品实施进口登记。欧委会是在正式启动对中国光伏产品反倾销调查后 6 个月启动登记程序,欧委会将在 6 月 5 日前后公布对光伏倾销案的初步裁决。
3 月 21 日	美国国际贸易委员会作出终裁,认定从中国进口的不锈钢水槽损害了美国产业,美国将对此类产品征收反倾销和反补贴("双反")关税。
5 月 8 日	欧盟委员会同意自 6 月 6 日起向进口自中国的太阳能板征收临时性惩罚性关税,税率平均为 47%。
5 月 29 日	美国商务部作出终裁,认定从中国和奥地利进口的黄原胶存在倾销行为。
6 月 7 日	美国国际贸易委员会裁定,中国、墨西哥和泰国出口商在美国市场销售预应力混凝土钢轨用钢丝产品存在倾销行为,美国政府将继续对此类产品进行反倾销调查。
8 月 2 日	欧盟委员会宣布已正式批准中欧光伏贸易争端的"价格承诺"协议,该方案将于 8 月 6 日起实施。
8 月 7 日	欧盟委员会说,与中方达成的"价格承诺"协议使部分中国光伏企业得以免缴反倾销税,但对中国太阳能电池及相关部件产品的反补贴调查仍将继续。
9 月 16 日	美国国际贸易委员会对 20 多家中美企业生产的轮胎产品发起"337 调查"①,调查涉及中国山东潍坊顺福昌橡塑有限公司、山东玲珑轮胎股份有限公司等 7 家中国企业,以及美国 Omni 贸易公司等 14 家美国企业和一家泰国企业。
9 月 17 日	美国商务部作出终裁,认定中国向美国出口硬木和装饰用胶合板存在倾销和补贴行为,拟对上述产品征收反倾销和反补贴("双反")关税。
10 月 21 日	美国国际贸易委员会发布公告,对原产于中国的钢钉进行反倾销快速日落复审调查。
11 月 5 日	美国商务部发布公告,对原产于中国的钢制螺杆作出反倾销行政复审终裁:嘉兴兄弟标准件有限公司、摩根紧固件有限公司倾销幅度为 19.54%;浙江新东方紧固件有限公司为 19.54%。

事实上,贸易摩擦自国际金融危机之后就始终处于高发阶段,从现实的状况看,这一现象很难得到根本的遏制。这对于中国的外贸而言,无疑是一大坏消息,这也是造成近几年我国对外贸易拖累经济增长的主因之一。从目前看来,这一局面在 2014 年依然难以得到改变。

---

①   指美国国际贸易委员会根据美国《1930 年关税法》第 337 节(简称"337 条款")及相关修正案进行的调查,禁止的是一切不公平竞争行为或向美国出口产品中的任何不公平贸易行为。

4. 国际热点增加不确定因素

自金融危机以来,世界范围内始终存在着一些动荡的因素。经济问题激化政治问题,而政治上的冲突更加使得经济问题恶化。

自金融危机起就纷争不断的中东地区依然成为 2013 年的"焦点"地区,叙利亚、伊朗、埃及不断挑战人们的神经,而泰国局势也深刻地揭示了"树欲静而风不止"的道理。

2013 年 8 月,美国暗示将绕过联合国对叙利亚动武之后,大国间的博弈更是到达顶峰,最终直至俄罗斯出手,提出"以化武换和平"方案,才使得局势得以缓解。但很显然,这一地区的问题依然将成为未来的不确定因素。

作为一个长期的焦点,伊朗在经历了一系列的剑拔弩张之后,终于在 2013 年末,达成了解决伊朗核武问题的初步协议,大大缓和了紧张的局势。但是,未来的不确定性并没有得到太大的改变。

埃及,作为金融危机之后政局出现大动荡的国家,也依然余震不断。2013 年 7 月,执政仅仅一年的穆尔西被迫下台,并直接导致其后的一系列冲突事件的发生。很显然,政局的不稳定,使得经济发展成为一种奢望。

在泰国,"黄衫军"与"红衫军"的尖锐对立,也使得局势逐渐变得难以控制。一直以来,代表中产阶级利益的"黄衫军"与代表草根阶层利益的"红衫军"壁垒分明,经济层面的割裂在金融危机之下愈加严重。而这种社会的割裂,直接造成了严重的对立与冲突。

而 2013 年,斯诺登所引发的"窃听门",更是揭下了美国所标榜的"自由"、"人权"的"遮羞布"。无论是本国的居民,还是外国的居民,下至平民百姓,上至一国总统、总理,无论潜在对手还是盟友伙伴,美国统统展开大规模秘密监控电话和网络的举动,这不能不令人重新审视信息时代的安全问题。

(二) 国内市场——平稳增长的转型之年

2013 年,中国经济处于缓慢的转型之中,而在这一经济转型的过程中,如何处理以及协调两大经济目标,即"通胀"以及"经济增长"仍然是 2013 年经济发展的主基调。在转型的过程中,也遇上了一系列的问题,其中最突出的就是 2013 年中爆发的"钱荒"问题。

整体而言,2013 年的中国经济依然保持平稳增长,"通胀"以及"经济增长"都保持在可接受的范围之内。同时经济转型也开始进入实际性的阶段,上海自贸区的试点更是吸引了无数的"眼球"。但是,2013 年中国经济增长动力依然主要是来自固有的投资推动。从这个角度而言,中国经济转型之路任重而道远。

1. 经济增长符合预期

2013 年的中国经济以及政策调整可大略地分为两个阶段,即上半年以及下半年,其中"钱荒"的爆发是具有标志意义的转折点。

2012 年年末以及 2013 年年初,对于 2013 年的中国经济的预期普遍偏于乐观。市场普遍的预期是,2013 年全年 GDP 增速可以保持在 8% 以上,同时通货膨胀也被认为是 2013 年中国经济可能面临的主要风险。因此,管理通胀预期是当时的经济工作重心。

但是情况很快有了改变。2013 年一季度,国内经济增长率从 2012 年四季度的 7.9% 降至 7.7%,经济增长的增速下滑明显。二季度,在多重因素之下,信贷以及财政收紧,市场资金面处于紧张状态。到了 2013 年 6 月,银行间市场利率大幅上扬,"钱荒"正式爆发,而这更加加剧了市场的恐慌。"钱荒"的爆发和持续,使得市场融资成本大幅上扬,且融资难也成为困扰市场的因素。这些都对实体经济造成了巨大的影响,国内经济增长率出现进一步下滑,二季度国内 GDP 增长率触及 7.5%。

有鉴于此,2013 年 7 月以后,经济政策基调开始转向,首要目标由"通胀预期管理"转向"稳增长"。同时,配之以一系列的具体措施,如支持小微企业、加速铁路投资、支持外贸出口、下放行政审批、盘活存量资金、拓宽房企融资渠道等。

很显然,加大投资依然成为防止经济过快下行的主要手段。二季度末,社会融资总额开始回升,财政支出大幅反弹。三季度,GDP 增长开始出现回升,达到了 7.8%。

具体来看,投资依然成为 2013 年经济增长的主要驱动力,其中基建与房地产投资更为投资增长的主力。而一直被寄予厚望的"内需消费"这一经济引擎依然难堪大任。无论是经济增速下滑下的未来收入预期的下降,还是收入差距持续拉大下的居民消费意愿的减弱,甚至对于未来养老的担忧以及现实中的高房价对于消费的明显抑制作用,都使得内需拉动面临重重困境。事实上,可以预见,很多的制约因素在未来依然难以消除,甚至会得到强化,因此内需拉动或许很难成为中国未来经济增长的一大"引擎"。

2013 年,出口成为拖累中国经济增长的一大要素。虽然世界经济出现了较为明晰的恢复势头,但是对于中国而言,对外贸易的环境并没有得到明显的改善。事实上,对外贸易中所遭遇的贸易"壁垒"屡见不鲜。

总体而言,2013 年中国经济增长的两大指标"GDP"以及"CPI"都在总体的调控目标之内,但是从经济增长的质量来看,中国经济依然难以摆脱对于房地产以及基建投资的高度依赖。

2. 金融市场加速改革

2013 年对于中国金融市场而言,无疑是具有重大意义的一年。很多的变革在 2013 年开始或者得到深化,金融行业的变革势必在未来对整个中国经济产生重大的影响。

(1)中国利率市场化步伐明显加快

2013 年 7 月 20 日,中国人民银行决定全面放开金融机构贷款利率管制。一是取消金融机构贷款利率 0.7 倍的下限,由金融机构根据商业原则自主确定贷款利率水平。二是取消票据贴现利率管制,改变贴现利率在再贴现利率基础上加点确定的方式,由金融机构自主确定。三是对农村信用社贷款利率不再设立上限。四是为继续严格执行差别化的住房信贷政策,促进房地产市场健康发展,个人住房贷款利率浮动区间暂不作调整。

10 月 25 日,中国人民银行宣布,贷款基础利率(Loan Prime Rate,简称LPR)集中报价和发布机制正式运行,运行初期向社会公布 1 年期贷款基础利率。全国银行间同业拆借中心为贷款基础利率的指定发布人。首批报价行共9 家,分别为工商银行、农业银行、中国银行、建设银行、交通银行、中信银行、浦发银行、兴业银行和招商银行。

12 月 8 日,中国人民银行制定发布了《同业存单管理暂行办法》,自 2013

年 12 月 9 日起施行。

（2）出台《关于金融支持经济结构调整和转型升级的指导意见》

2013 年 7 月 5 日，国务院办公厅发布《关于金融支持经济结构调整和转型升级的指导意见》。具体提出十大指导意见，以此推动金融支持经济结构调整和转型升级。

这十大指导意见包括：一是继续执行稳健的货币政策，合理保持货币信贷总量；二是引导、推动重点领域与行业转型和调整；三是整合金融资源支持小微企业发展；四是加大对"三农"领域的信贷支持力度；五是进一步发展消费金融促进消费升级；六是支持企业"走出去"；七是加快发展多层次资本市场；八是进一步发挥保险的保障作用；九是扩大民间资本进入金融业；十是严防金融风险。

值得关注的是，其中包括要"更大程度发挥市场在资金配置中的基础性作用，促进企业根据自身条件选择融资渠道、优化融资结构，提高实体经济特别是小微企业的信贷可获得性"，"逐步推进中国信贷资产证券化常规化发展"，"扩大民间资本进入金融业，鼓励民间资本投资入股金融机构和参与金融机构重组改造"等颇具新意的具体条文。

而此次出台的十大指导意见，既有宏观政策的连续性，也有当前形势的针对性；既有市场意见的广泛性，也有部门行动的协调性，相信对助推中国经济结构调整和转型升级有重要的指导作用。

（3）积极应对互联网金融的挑战

2013 年 6 月 13 日，以余额宝为代表，互联网金融以一种迅猛的态势出现在市场中，并迅速成为光彩照人的明星。互联网金融的兴起极大地改变了国内金融行业相对封闭的特征，也使得投资者的理财观念发生了根本的变化，这对于传统金融行业无疑产生了巨大的冲击。

面对互联网金融带来的挑战，商业银行沉着应对，凭借互联网技术和持续改良的传统业务体系，大力发展网上银行、手机银行，拼抢移动支付，征战电子商务，在这些领域展开创新，推动了金融互联网化。

2013 年 6 月，中国银联与中国移动联合推出移动支付平台，截至 12 月份，已有中行、建行等 15 家商业银行正式接入该平台，农行、招行等其他 17 家商业银行也已完成签约。此外，招行、工行、浦发、光大、平安、兴业等银行陆续推出微信银行服务。

（4）人民币跨境使用取得新进展

根据环球银行金融电信协会公布的数据资料表明，2013 年 10 月份，人民币在全球贸易融资（信用证及托收）中的市场份额已经由 2012 年 1 月的 1.89％提高到 8.66％，市场份额仅次于美元，排列第二。相比之下，欧元在全球贸易融资中的市场份额则由 2012 年 1 月的 7.87％下降到 2013 年 10 月份的 6.64％，市场份额排列第三。2013 年 10 月份，美元在全球贸易融资中的市场份额为 81.08％，市场份额占据首位。这标志着人民币的国际支付手段职能基本成型。

而人民币在跨境使用排名第二的成绩是在 2013 年中取得的。2013 年 7 月，人民币成为全球第十一大国际支付货币；8 月成为全球第八大外汇交易货币；10 月成为居美元之后的全球第二大国际贸易融资货币。

3. 证券市场结构性行情明显

2013 年的中国证券市场表现出了明显的结构性行情特征，而且"强者恒强，弱者恒弱"的马太效应更是助长了这一现象。

以中国证券市场最具代表性的两大传统指数而言，上证指数 2013 年全年下跌 6.75％，而深证成指跌幅更是高达 10.91％。而这种表现在全球主要股市出现罕见的大面积上涨的背景之下，无疑是令人失望的。

2013 年，日本日经 225 指数全年累计上涨 56.72％，成为工业发达国家中表现最好的股票市场。美国道琼斯工业股票平均价格指数 2013 年累计上涨 27％，为 1995 年来最大单年涨幅。标普 500 指数 2013 年累计涨 30％，为 1997 年来最大单年涨幅。衡量小企业股价表现的罗素 2 000 指数 2013 年累计涨 37％，为 2003 年来最大年度涨幅。纳斯达克综合指数全年累计上涨 38.32％亦创出近七年来最佳表现。

很显然，国内的两大股指在 2013 年的表现是"不合格"的。

但是，正如表 1-3 中所显示的，2013 年的中国证券市场并不是全无机会。部分市场取得了良好的业绩，如中小板市场就是如此。2013 年，中小板指数取得了 17.54％的涨幅；而更让人惊讶的是，创业板市场在主板市场一路走低的情况下，走出了一波惊人的牛市行情，2013 年创业板指数涨幅高达 82.73％。

表 1-3　2013 年国内主要股指表现

	2012 年收盘	最高	最低	2013 年收盘	涨幅（%）
上证指数	2 269.13	2 444.80	1 849.65	2 115.98	−6.75
深证成指	9 116.48	10 057.97	7 045.60	8 121.79	−10.91
沪深 300	2 522.95	2 791.30	2 023.17	2 330.03	−7.65
中小板指数	4 236.60	5 415.02	4 040.92	4 979.86	17.54
创业板指数	713.86	1 423.97	699.17	1 304.44	82.73

因此可以这样说，2013 年中国证券市场的机会就在中小板以及创业板市场中，其中尤以创业板市场为甚。

事实上，出现这样强弱分明的差异，并不是一件很突然的事情。中国证券市场在熊市中，历来就有板块轮动爆炒个股的传统。而 2013 年的创业板行情只是在原有的传统上更进一步，并且在持续的时间上大大地延长了。

2013 年中国经济的发展看似平稳，但亮点乏善可陈，因此证券市场的基本面很难起到有力的支撑作用；与此同时，"钱荒"的爆发更加清晰地反映出了资金面不足的现实窘境；而新股重启的传言更是困扰了 2013 年全年。诸多现实的不利因素严重制约了证券市场的整体向好。

4. 互联网金融的野蛮生长

互联网金融在 2012 年就已出现，但是在 2013 年却已成为一个金融理财行业绕不过去的话题。2013 年，互联网金融以一种人们想象不到的迅猛态势成为耀眼的明星。

那么什么是互联网金融呢？有一种看法认为，互联网金融就是通过互联网开展金融业务，或是交易，或是理财等。但很显然这一看法并不准确。事实上，要完整、准确地给互联网金融下一个定义，目前看来依然存在一定的难度，但是或许可以通过一些对于其"特征"的描述来揭开其面纱。

互联网金融的名称已经揭示了这一新生事物是由"互联网"＋"金融"结合而成。但是，之所以将之命名为"互联网金融"而非"金融互联网"，其背后也是有原因的。

2012 年，互联网金融已有所表现。但是那时以"金融互联网化"来称呼似乎更为恰当。2012 年，已有部分金融机构开始重视互联网这一销售渠道，很多金融机构都开始互联网化的尝试,它们大多利用公司网站开展业务、销售产品,部分金融机构甚至开始在淘宝之类的网商上开设网店。但是很明显,这些尝试更多的只是一种业务"移植",同时这种尝试也基本是由金融机构所主导的。

但是,到了 2013 年,这种情况就有了明显的改变。2013 年的互联网金融更多的是由互联网公司所引导的,同时也涌现出了一大批适应互联网特征的金融理财产品。这种改变使得互联网金融一经诞生就释放出了强大的生命力,成为金融理财行业中最为耀眼的明星,同时也开始对传统金融行业产生了冲击。

凡事有利有弊,这场由互联网企业所主导的变革虽然展现出强大的生命力,但是也使得互联网金融自诞生之日起,就染上了"浓重"的"草根"特征。互联网金融在 2013 年的"野蛮生长"也暴露出了很多的问题。

2013 年,互联网金融在多个方面取得突破,但是相对而言,主要包括两大分支,即 P2P 以及类"余额宝"产品。

(1) P2P 无序发展

2013 年的 P2P 市场处于一种无序的发展状态中,其业务开展"无门槛、无资质、无监管",因此发展迅猛,最终也是问题多多。

所谓 P2P,指投资人通过中介机构,将资金贷给其他有借款需求的人。事实上,这更像是传统的民间借贷,而 P2P 公司则充当了这一中介角色。

众所周知,我国的民间借贷市场一直存在,而且在近几年更是活跃。2011 年,更是爆发了一系列由于民间高利贷而引发的风险事件。虽然历经整顿,但是由于旺盛的现实需求的存在,使得民间借贷市场很难得到遏制。

同时 2013 年内,市场资金面始终处于紧张状态,"钱荒"也再度来袭,通过正常的银行途径已经很难满足企业以及个人的借贷需求,因此 P2P 市场在 2013 年得到了迅速的发展。仿佛一夜之间,就冒出了数千家专做 P2P 的网站。

但是迅速而无序的发展,也必然意味着这一行业中良莠不齐、鱼龙混杂。由于这一新兴产物处于监管的"盲点",因此开办 P2P 平台既无资金、技术上的门槛,也无必要的专业资质,从而使得这一行业的风险迅速聚集并发酵,最终自 2013 年第四季度起开始集中爆发。

2013 年第四季度起,P2P 平台开始出现大规模的倒闭现象,有些甚至卷款潜逃,使得投资人遭受巨大的损失,并引发了媒体的广泛关注。仅仅在 2013 年 10 月份就有 15 家 P2P 公司因挤兑等原因而主动或被动关门,其中包括东方创投、钰泰财富、宜商贷、家家贷、力合创投、万利创投、浙商 365、银实贷、川信贷、盈通贷、福翔创投、华强财富、网赢天下、互帮贷、天空贷等。

对于 P2P 这一投资形式而言,无疑是具有生命力的。对于资金借出方,可以获取更高的收益;对于资金借入方,则解了资金匮乏的燃眉之急。但是相对于普通的民间借贷,P2P 对于资金借出方而言,可能面临更大的风险,风险可能来自于多个方面:

首先,对于资金需求方的情况一无所知。对方信用情况如何、资产状况如何、资金运用项目前景如何、资金具体运用进度如何,这些对于普通投资者而言,几乎都难以查证核实。因此作为中介的 P2P 平台必须具备相应的专业水准,对众多的借款需求进行取舍。

其次,对于 P2P 平台本身的情况不了解。P2P 平台本身资金是否充裕,在很大程度上决定了平台的生命周期的长短以及抗风险能力的大小。2013年也爆发了数起 P2P 平台卷款的事件,使得如何找出 P2P 平台中的"李鬼"成为一大难题。

因此,P2P 行业如要真正取得大的发展,如何解决无序发展将是重中之重。

(2) 余额宝引领风潮

2013 年余额宝的出现,直接引领了一股风潮。自此之后,由互联网企业主导,结合金融机构开发互联网专属产品成为 2013 年金融理财产品市场中一道亮丽的风景。各种类"余额宝"产品层出不穷。

表 1-4 2013 年互联网理财产品一览

互联网企业	产品名称	合　作　方
阿里巴巴	余额宝	天弘基金
百　　度	百　发	华夏基金、嘉实基金
腾　　讯	定投宝	银河基金
网　　易	添　金	汇添富基金
新　　浪	微财富	
腾讯微信	理财通	华夏基金、易方达基金、广发基金、汇添富基金
东方财富	活期宝	
苏宁云商	零钱宝	广发基金、汇添富基金

可以很明显地看到,自从 2013 年 6 月余额宝上线之后,迅速引发一股"跟风"浪潮。国内知名的互联网企业无不迅速跟进,联合各基金公司推出各自的互联网金融理财产品。而从 2013 年所发行的这些互联网金融理财产品来看,

其基础基本都是货币型基金。而这些产品主打的概念,基本都是"灵活的期限、支取的方便"以及"稳定的高回报"。

随着后续互联网理财产品的推出,产品的趋同化难以避免地出现了。于是,收益的高低成为后续产品所着力宣传的重点。在各产品的宣传页中,5%、8%、10%乃至11%的高额收益都成为最吸引眼球的要素。而这些显然违反了监管部门对于基金销售过程中的相关规定。因此,监管部门连续约谈了部分互联网企业,并最终出手发出罚单对此进行规范整顿。

事实上,对于这些以高收益为宣传重点的产品,投资者要有个清晰的认识。由于这些互联网理财产品都是以货币型基金为基础的,因此其收益区间基本都可预估范围,以2013年为例,收益较好的货币型基金的收益基本都在6%左右。超出这一部分的收益,目前基本都是通过补贴来兑付承诺的高收益,很显然这是一种以高收益揽客的行为,恶性竞争一览无遗。

(3)比特币命运多舛

2013年,一个新名词迅速进入投资者的视野,那就是比特币。支持者认为这是未来的一种货币,反对者认为这是一种基于互联网技术的"庞氏骗局"。

比特币的概念最初由"中本聪"提出。2009年,他开发出了最早的比特币发行、交易和账户管理系统。比特币也称bitcoin。与大多数货币不同,比特币不依赖于特定的中央发行机构,而是使用遍布整个P2P网络节点的分布式数据库来记录货币的交易,并使用密码学的设计来确保货币流通各个环节的安全性。

2013年,比特币受到热捧,其价格扶摇直上,从年初的1比特币兑100元人民币攀升至最高兑8 000元人民币。而疯狂炒作的同时,比特币也进入了监管部门的视线。央行等五部委在2013年12月初联合发布了《关于防范比特币风险的通知》,明确比特币不是真正意义上的货币,给市场的火爆行情泼了一瓢冷水。

其后,央行支付结算司副司长周金黄在2013年12月16日召集第三方支付公司开会,要求它们不再为比特币交易平台提供充值服务,12月18日,第三方支付公司按要求切断了比特币交易平台的充值通道。

如何看待比特币?它是一种货币吗?就目前看来,答案显然是否定的,甚至在很长的时间范围内,这一答案也不会改变。但是作为一种投资品种或是投资方式,它却又是现实存在的,因此不妨就以"投资品"来看待它。

以投资的目光来看,风险往往来自于价格。因此对于比特币而言,其价格从年初到年末暴涨数十倍的现实已经极大地压缩了未来的上涨空间,同时风险也随之迅速放大。而比特币在实际生活中的支付作用已在绝大部分国家被禁止,这也使其缺乏其他的风险释放渠道。因此,对于比特币的未来,其价格走势可能取决于愿意参与其中的投资者的多寡。

(三) 理财产品市场进入大资管时代

　　2013 年,对于中国理财产品市场而言,无疑是具有标志性意义的一年。原先各自分界清晰的各类理财产品,在各种政策松绑、鼓励之下,在不同金融机构,甚至是非金融机构的自主创新之下,渐渐表现出了明显的融合迹象。可以这样说,2013 年的中国理财产品市场开始进入了大资产管理(简称大资管)的时代。

　　进入大资管时代伊始,各机构都爆发出了强烈的创新精神。而这种创新其实分为两种,一种是真正具有创新精神的,例如互联网金融的强势崛起;而另一种创新,则更多地体现"借鉴"精神。原先,由于政策所限,不同金融机构固守着自有领地;现在,政策松绑了,于是纷纷抢滩他人领地,各种"类 XX"产品或是"准 XX"产品大行其道。

　　虽然目前我国金融行业仍然是分业经营,但是在理财产品层面上来看,事实上的"混业产品"已经成型。不同机构通过业务合作,将产品层层包装、发售的情况已较为普遍。同时,对于一些大型金融集团而言,通过不同子公司取得相应业务牌照,之后通过内部协作的方式开发、销售产品也属常见。从这个角度而言,如何有效控制风险将可能成为未来的重要课题。

1. 信托——稳中求变

　　2013 年,信托产品市场给人最普遍的印象就是:"好的产品少了"。

　　而这句话其实包含两个层面,首先就是,"产品少了"。这是从产品的发行数量来看的。信托产品市场经过了连续多年的高歌猛进之后,终于放缓了脚步。2013 年,信托产品新发数量比 2012 年有了明显的下降。

　　其次就是,"好产品少了"。所谓的"好产品",其实也很简单,就是指的那些"收益高,风险小"的产品。2013 年,信托产品的整体预期收益率较往年有了明显的下滑。

不过,由于前几年的高速发展,因此虽然2013年信托产品的新发情况出现下滑,但是从存量规模而言,依然出现增长。2013年,信托产品规模顺利突破10万亿元。根据中国信托业协会公布的数据,截至2013年三季度末,我国信托资产规模达到10.13万亿元。

2013年,信托产品的兑付风险也几乎每个月都有发生。从所涉及的行业看,房地产信托以及矿产资源信托都有着较大比重。所幸,"刚性兑付"的潜规则依然发挥着作用,这些风险最终大都得以顺利化解。其中,中信信托所发行的舒斯贝尔项目兑付风险事件就具有相当典型的意义。此外,2013年末爆发的吉林信托发行的"松花江【77】号山西福裕能源项目收益权集合资金信托计划"的风险事件,也将继续成为2014年的焦点事件。

随着大资管时代的到来,信托也开始直面其他金融行业的挑战,因此"求新求变"也成为2013年的主基调。家族信托、消费信托、土地流转信托都成为信托业在2013年有益的尝试。

2. 基金——业绩分化明显

2013年的基金市场出现了明显的分化。这种分化不但出现在不同类型之间,比如货币型基金、债券型基金以及股票型基金之间,同时即便是同一类型的基金,其业绩表现也是有着天壤之别。

由于证券市场在2013年主要表现为板块行情,并且表现出强烈的资金炒作特征,"强者恒强,弱者恒弱"成为主基调。因此,股票型基金的业绩出现了明显的分化,抓住行情的,大鱼大肉;没赶上趟的,汤也没有。2013年,"中邮战略新兴产业"以80.38%的年收益率成为股票型基金冠军;而"易方达资源行业"则以-28.73%的年收益排名垫底。头尾收益差距高达109.11%,差距之大可见一斑。

对于债券型基金而言,2013年可谓流年不利。上半年还是顺风顺水,可到了年中,突遭"横祸"。2013年6月"钱荒"来袭,并且一直延续到年末,从而直接导致资金价格狂飙,也直接造就了下半年债券价格的走低,债券型基金特别是纯债型基金业绩惨遭"滑铁卢"。2013年,超过四成债券型基金的收益为负。

相对于债券型基金而言,2013年的货币型基金就要风光得多了。"钱荒"

对于债券型基金以及货币型基金的影响表现出了典型的"跷跷板"效应。由于资金价格的飙升,货币型基金的收益远超正常水平。截至 2013 年年末,七日年化收益率超过 6％的货币型基金超过 10 款,而"鑫元货币 B"更是以 8.32％的七日年化收益率位居收益榜首;七日年化收益率超过 5％的基金更成为普遍现象,占到货币型基金总数的 40％。

货币型基金的风光不仅仅表现在其收益的"出众",与互联网的结合,也使其风头之劲一时无二。自"余额宝"诞生初始吸引万千目光之后,众多互联网巨头纷纷加入其中。互联网公司携手基金公司,在货币型基金的基础上,全力打造互联网金融。它们在本就出众的收益基础上,更是额外拿出市场营销费用补贴,产品预期收益一路"叫高",8％,10％,11％……这更加使得货币型基金成为投资理财市场关注的焦点。

3. 私募——一半是海水一半是火焰

如果说 2013 年公募基金业绩出现了明显的分化,那么对于私募基金而言,"一半是海水,一半是火焰"或许更能说明情况。2013 年,国内私募基金业绩的分化远甚于公募基金。简而言之,就是"好的更好,差的更差"。

2013 年,有 5 款私募基金产品的收益超过了 100％,其中"创势翔 1 号"以120.26％位列榜首。而且,排名居前的私募基金之间,收益差距相当微弱,也表明了 2013 年私募产品之间竞争的激烈。

榜首的私募基金业绩令人惊艳,而落于榜尾的几款私募基金的业绩则令人"惊心"。多款私募基金在 2013 年亏损过半,其中"否极泰"更是以 62.26％的跌幅担当"副班长"角色。私募基金之所以出现这样的状况,既有外部市场环境的因素,也有着私募基金经理自身能力的影响。

2013 年的国内证券市场领跌全球,在全球主要证券市场中垫底。虽然全年国内股市表现低迷,但也并不是全无机会,板块炒作行情在 2013 年表现得淋漓尽致,其中创业板的炒作更是取得了令人咂舌的涨幅。此外,其他一些板块或是题材,诸如军工、自贸、土地流转等也有着不俗的表现。因此在 2013年,"选准板块,踏准节奏"与否,直接造成了不同私募之间最终巨大的差距。

相对于公募基金而言,私募基金更加积极主动,因此更加放大了行情因素所带来的差距,也表现出了远超公募基金的极差。

4. 银行理财产品——银行"穷"疯了

2013 年,"钱荒"是个绕不过去的名词。

2013 年 6 月 20 日,市场传闻某家银行因出现资金违约,需要大笔资金,于是导致上海银行间同业拆放利率大幅走高,七日利率更是创出 11.004 0% 的记录。于是,"钱荒"一词就以如此突兀的姿态,高调出现在普罗大众的视野中。并且,自此以后,"钱荒"就成为了国内银行的常态。简而言之,2013 年的银行,"穷"疯了!

银行缺钱,于是贷款成为一件困难的事情;银行没钱,于是资金价格一路飙升。2013 年,银行通过种种手段来解决"钱荒"问题,其中发行理财产品成为其中一个重要手段。

为了吸纳更多的资金,自 2013 年 6 月起,银行人民币理财产品的预期收益率就开始出现了明显的上扬势头,并且这一势头一直延续至 2013 年年末。在 2013 年年中,银行人民币理财产品的预期收益率普遍在 5% 左右,可是到了 2013 年年底,预期收益率接近 7% 的银行人民币理财产品也已屡见不鲜。长期保持稳定的银行理财产品收益出现如此幅度的飙升,这也成为 2013 年银行理财产品的一大"奇"观。

除了通过直接发行银行理财产品来吸纳资金以外,银行也加大了与其他金融机构的合作业务,比如与信托公司和券商的合作。2013 年,通道业务的激增,"钱荒"因素所起到的作用也是显而易见的。

但是如果细究"钱荒"背后的原因,可以发现更容易感受到资金压力的往往是那些中小型股份制银行,而这也可以从理财市场中产品预期收益率的变化中得到验证。市场最高预期收益率往往出现在中小型股份制银行的产品中,同时,一般也是这些银行充当了拉升收益率的主力军。

从这个角度而言,"钱荒"的发生,可能既有着市场中"钱紧"的客观存在,同时与这些银行自身较为激进的发展战略也有着直接的关系。

5. 保险——困境中酝酿变局

2013 年,保险产品终于开始出现改变的迹象。长久以来,保险产品依靠着强大的保险经纪人以及代理人制度,始终维持着庞大的市场规模。但是随着监管机构监管力度的逐年加大、投资者的自我判断能力的提高,保险产品的竞争力也逐渐开始依靠产品本身的设计来说话了。

而之所以会出现这样的情况,与目前我国保险产品市场的特点有关。长期以来,国内保险产品一直存在着几个特点:

首先,就是"重理财,轻保障"。众所周知,保险产品既有着"保障"的功能,也有着"理财"的功能,但是很明显,目前我国保险产品市场中的产品主打"理财"功能,而且,随着时间的推移,这种情况愈演愈烈。到了2013年,国内保额的90%以上来自于理财类产品,"跛足"情况的程度可见一斑。

其次,由于保险产品主打"理财牌",因此,在产品的设计上也越来越短期化。这也反过来更使得保险产品的"保障"功能被弱化。

事实上,保险产品"理财"化,对其本身是相当不利的。因为保险产品丧失了其独有的"保障"优势,反而参与到越来越激烈的理财产品的竞争中去。而在与其他金融机构所发行的理财产品的竞争中,保险系理财产品无疑处于下风,其预期收益率明显偏弱。而这一缺陷,随着理财产品市场的逐渐透明化,也正被逐渐放大。

保险公司之所以会"扬短避长",其实也是有着难言之隐。由于十多年以来,决定寿险回报率的一大关键——预定利率始终被固定在2.5%的超低水准上。而这一水准,甚至远低于正常的CPI涨幅。因此在此基础上所设计的保障型险种,根本毫无竞争力可言。也正因此,保险公司转向理财型险种,也可说是无奈的选择。

理财型险种所面临的竞争压力巨大,尽可能压低产品发行费用,提高产品回报率,也成为保险公司的重中之重。而增加互联网化的销售,减少佣金成本,成为一大关键。

2013年,保险公司普遍开始重视网络销售,成为互联网金融的一大参与主力。越来越多的保险公司开始进行网络销售,有的在淘宝上开设旗舰店,有的构建自己的网络销售渠道。中小型保险公司尤为积极,一些较高收益的险种往往出自这些公司。甚至有个别保险公司,完全摒弃了经纪人以及代理人的运行模式,主攻互联网销售,最大程度上控制成本。但是随着2013年下半年更多互联网金融产品的出现,收益率节节升高,也使得保险系理财产品面临着更大的压力。

除了这一互联网化的热潮之外,保险产品回归"保障"功能也成为一种突破困境的办法。"2.5％"的预定利率终于在2013年8月被废止,2013年8月5日及以后签发的普通型人身保险保单法定评估利率为3.5％。这对于保险公司而言,无疑是一大利好,因为这意味着未来保险产品的核心竞争力将被"重拾"。很多保险公司都已开始积极部署,有些甚至开始调整公司未来的整体布局。这或许能为保险公司突破困局带来巨大的动力。

6.券商理财——"大跃进"式的增长

2013年,对于券商理财而言,无疑是值得大书特书的一年。虽然证券市场依然"熊"冠全球,但是券商理财市场却取得了爆发式的增长速度。

券商理财产品市场原先的主战场就是国内的证券市场,其发展往往表现出了与证券市场明显的正相关性。证券市场好,则券商理财产品市场就会取得较好的发展;反之,则步履维艰。而2013年,这一情况被颠覆了。

造成这一情况出现的原因就是《证券公司客户资产管理业务管理办法》(以下简称《管理办法》)的发布。这一发布于2012年末的《管理办法》,彻底为券商理财产品松了绑,使得其不再局限于原有的证券市场领域。根据这一《管理办法》的规定,券商所发行的理财产品所能涉及的范围大大拓宽,包括"证券期货交易所交易的投资品种、银行间市场交易的投资品种以及金融监管部门批准或备案发行的金融产品"。而这已基本涵盖了目前所有的投资理财产品的领域,因此券商理财产品成为首个真正意义上的"全牌照"产品。

投资范围的拓宽,使得券商理财摆脱基本靠"天"吃饭的窘境,不用局限于"熊"途漫漫的证券市场,从而爆发出强大的创新能力。如分级产品的大行其道,短期债基型产品的出现,类信托产品的大量出现……但是,客观而言,券商理财产品在2013年所表现出的诸多创新措施,更多的表现出一种简单的"抄袭",或可称之为"移植",基本就是凭借其独有的"全牌照"优势,发行已被市场认可的那些理财品种。

同时,券商理财市场规模在2013年出现了爆发式增长的另一个原因,就是通道业务比重的大大增加。通过与银行合作,开展大量的通道业务,这直接使其市场规模暴增。但缺点也是极为明显的,尤其通道业务的主动权更多地握在银行手中,因此券商在此业务中的"议价"能力几近于无,这也是2013年券商在理财业务中的收入增长缓慢的根本原因。

"重规模,轻收益",因此用"大跃进"式的增长来评价 2013 年的券商理财或许是最恰当的。当然,这在市场发展之初,各券商出于"跑马圈地"的考虑,采取这样的措施也是正常的。

7. 黄金市场——牛市不再

2013 年的黄金市场表现可谓惨不忍睹。十年黄金牛市结束之后,迎来的无疑就是漫漫熊途了。如果说,自 2011 年 8、9 月间,黄金现货价格在 K 线走势上构筑了标准的双头形态之后的一年多时间内的走势,尚可用宽幅震荡来聊以自我安慰的话,那么,2013 年的黄金走势则彻头彻尾地可以"熊市"冠之。

2012 年末,黄金价格为 1 673 美元盎司,而 2013 年,黄金价格最高仅为 1 685.94 美元/盎司,全年走势几乎一路下跌,其间偶有几次反弹,但最终依然难逃下跌趋势。全年黄金价格最低探至 1 180.10 美元/盎司,高低落差达 500 美元/盎司。

2013 年 4 月,黄金价格更是出现暴跌。4 月 12 日黄金当日最高价为 1 564.61 美元/盎司,最低 1 480.35 美元/盎司;4 月 15 日黄金当日最高价为 1 495.50 美元/盎司,最低 1 335.36 美元/盎司。当时黄金价格雪崩式下跌的惊涛骇浪景象,可说真正为黄金十年牛市画上了句号。

而在黄金暴跌的过程中,有一个群体陡然出现在了全球投资的大舞台上,那就是"中国大妈"。300 吨! 这就是在黄金价格暴跌之后,中国大妈出手扫货的战绩。但是很可惜,其后的走势证明,中国大妈们最终没有战胜华尔街的金融大鳄,黄金依然维持着原有的下跌步伐。

事实上,黄金的熊市是可以预期的。黄金原先的牛市历程,尤其是国际金融危机之后那几年,支撑起价格节节升高的无非就是两个原因,即避险心理以及全球货币宽松。而随着时间的推移,国际金融危机的影响逐渐好转,其他投资市场的逐渐复苏,货币超发政策退出的心理预期逐渐加强,这都从根本上动摇了黄金价格继续走牛的基础。

从这个角度而言,黄金牛市的结束只能是一种"无可奈何花落去"般的必然了。

8. 房产市场——调控依旧,房价照涨

2013 年,国内房地产市场的表现多少有些出人意料。在房地产调控未见松动,同时各种相关条件也不配合的情况下,房地产市场最终在下半年出现了全面的复苏情况。新华社在年终报道中称,2013 年"调控未曾放松,房价照涨不误"。

以国家统计局于 2013 年 12 月发布的最新统计数据看,2013 年 11 月全国重点监测的 70 个大中城市中,住宅销售价格同比上涨的有 69 个城市,房价在过去一年中下跌的城市唯有温州。而过去一年中,房价涨幅位居前列的是"北上广深"等一线城市,它们的同比涨幅都在 20% 左右。此外,同比涨幅在 10%以上的城市也为数不少。

房地产市场的再度火爆不仅仅表现在房价的上涨,销量的增速也不容小觑,这事实上也正是 10 多年以来,中国房地产市场的一大顽症,那就是"价跌量减,价涨量增"。从这个角度而言,中国房地产市场依然更多地表现出了典型的投资市场特征,而不是单纯的"消费"市场。

从很多媒体所解读的 2013 年房地产市场来看,普遍认为造成 2013 年房地产市场活跃的首要原因是刚性需求。但不得不说,即便这是真实的情况,从购房者的心态而言,也依然带有浓重的投资心态。

房地产市场的活跃,也直接造成了 2013 年各地"地王"现象的再度出现。根据统计,2013 年,全国 30 个省市土地总价地王总价值 1 154.41 亿元,总面积 1 136.93 公顷。成交额超过 20 亿元的省市达到 17 个,其中有 8 个省市成交额超 50 亿。因此,2013 年,"地王"现象已在全国遍地开花。而这或许也为未来房地产市场打下了主基调。

2013 年,国内房地产市场的活跃是个不争的事实。但是,有一现象却不容忽视,那就是原先的那种全国"普涨普跌"现象已成为过去式,"分化"已成为 2013 年国内房地产市场的一大主基调。

正如国家统计局所显示的,即便是在重点监测的 70 个大中城市中,也已经出现了分化。事实上,温州房价较其高峰期,跌幅在三四成的不在少数,个别跌幅巨大的区域更是出现了"腰斩"情况。而房价在 2013 年没有上涨或是出现下跌情况,在三、四线城市更是常见,而前些年那些被冠以"鬼城"称号的城市,情况更是堪忧。

对于 2013 年的房地产市场而言,房产税也成为一大"热点"事件。虽然最

终并未"落地"。但是,2013 年 11 月 20 日召开的国务院常务会议决定整合不动产登记职责、建立不动产统一登记制度。由国土资源部负责指导监督全国土地、房屋、草原、林地、海域等不动产统一登记职责,基本做到登记机构、登记簿册、登记依据和信息平台"四统一"。这在事实上为房产税的征收扫清了一大技术障碍,因此房产税的开征或许已经不再遥远了。

表 1-5 2013 年国内市场大事记

日期	事件
1 月 1 日	《2013 年关税实施方案》开始实施。
	财政部、国家发展改革委、中国人民银行、中国银监会四部门联合发出通知,未经有关监管部门依法批准,地方各级政府不得直接或间接吸收公众资金,切实规范地方政府以回购方式举借政府性债务行为。
1 月 4 日	人力资源和社会保障部发布"关于开展社会保险基金社会监督试点的意见",鼓励和支持社会各方面积极参与社会保险基金监督工作。
	财政部、发改委、央行、银监会联合下发通知,严禁地方政府直接或间接吸收公众资金违规集资、切实规范地方政府以回购方式举借政府性债务行为、加强对融资平台公司注资行为管理、进一步规范融资平台公司融资行为和坚决制止地方政府违规担保承诺行为。
1 月 6 日	央行发布的《2012 年第四季度中国货币政策执行报告》指出,综合运用数量、价格等多种货币政策工具组合,健全宏观审慎政策框架,保持合理的市场流动性,引导货币信贷及社会融资规模平稳适度增长。
1 月 7 日	央行在公开市场开展了 380 亿元逆回购操作,包括 7 天期 200 亿元逆回购和 28 天期 180 亿元逆回购,单日资金投放规模创 2012 年 12 月 18 日以来新低。其中 7 天期逆回购中标利率为 3.35%,28 天期逆回购中标利率为 3.60%。
1 月 8 日	中国证监会召开了关于 IPO 在审企业 2012 年财务报告专项检查工作会议,对此前中国证监会宣布进行的首次公开发行股票公司 2012 年度财务报告专项检查工作进行了部署和动员。启动 IPO"史上最严"打假。
1 月 9 日	国务院总理温家宝主持召开国务院常务会议,决定自 2013 年 1 月 1 日起,继续提高企业退休人员基本养老金水平,提高幅度按 2012 年企业退休人员月人均基本养老金的 10% 确定。
1 月 14 日	国务院办公厅印发了《促进民航业发展重点工作分工方案》,将《国务院关于促进民航业发展的若干意见》(简称《若干意见》)的各项目标和任务进行了细化和分解,进一步明确了各省(自治区、市)人民政府及国务院有关部门贯彻落实《若干意见》的具体责任,内容涉及 16 大项的 56 个方面。
1 月 15 日	中国外汇交易中心公布的数据显示,1 月 15 日人民币对美元汇率中间价报 6.269 1,较前一交易日继续小幅上涨 4 个基点,再次刷新前一交易日创下的 8 个月新高。
1 月 16 日	国家审计署公布《关于 2011 年度中央预算执行和其他财政收支审计查出问题的整改结果》。这份例行的 1 号公告提出,将规范完善政府性基金收支结转和中央国有资本经营预算管理具体办法;其对县级政府财政行为和一些产业项目专项资金拨付予以警示;并继续对民生项目中的问题进行揭示。
	全国中小企业股份转让系统揭牌仪式在金融街金阳大厦举行。这意味着市场传闻已久的新三板交易模式正式诞生。
	中国证监会主席郭树清在《经济学人》峰会上发表演讲时指出,蓝筹股的估值现在还比较低;中国证监会将鼓励培育长期投资者,深化首次公开发行(IPO)改革;将推出合格境内个人投资者(QDII2)制度,探索一些交易商之间的场外交易市场。

（续表）

1月17日	国务院发展研究中心金融所副所长巴曙松在出席"国际金融透明度发展论坛"时说,现在的银行理财业务和信托业务都在银行监管部门现有的监管之下,而权威机构对于影子银行的定义中很重要的一个特征是"游离于银行监管体系之外",理财和信托业务均无法满足这一基本特征。
1月18日	国家统计局发布初步核算数据,2012 年全年国内生产总值为 519 322 亿元,按可比价格计算比上年增长 7.8%,高出年初预期目标 0.3 个百分点。
	国家统计局首次公布官方基尼系数数据,描绘出过去十年中,基尼系数先是逐步扩大而后又略有缩小的走势。
	为引导和规范上市公司以集中竞价交易方式回购股份行为,上交所对《上海证券交易所上市公司以集中竞价交易方式回购股份业务指引》进行了修订,并于 18 日开始向社会公开征求意见。
1月22日	中国人民银行于以利率招标方式开展了 430 亿元 7 天期逆回购操作,中标利率持平于 3.35%。
2月3日	中国物流与采购联合会、国家统计局服务业调查中心发布数据,1 月份中国非制造业商务活动指数(PMI)报 56.2%,环比上升 0.1 个百分点,这是该指数连续四个月环比上升。
2月5日	央行在公开市场上进行了 14 天期的逆回购操作 4 500 亿元。这一天量逆回购规模不仅相当于一次降准规模,更创下逆回购单日投放量的新高。
	国务院批转了国家发展改革委、财政部、人力资源社会保障部制定的《关于深化收入分配制度改革的若干意见》,要求各地区、各部门认真贯彻执行。
2月6日	财政部国家税务总局发布关于地方政府债券利息免征所得税问题的通知。
	国务院印发我国首部循环经济发展战略规划——《循环经济发展战略及近期行动计划》,确定了循环经济近期发展目标:到"十二五"末,我国主要资源产出率提高 15%,资源循环利用产业总产值达到 1.8 万亿元。
	国务院批转《关于深化收入分配制度改革的若干意见》(简称《意见》),要求各地区、各部门认真贯彻执行。《意见》提出,多渠道增加居民财产性收入。加快发展多层次资本市场,落实上市公司分红制度,强化监管措施,保护投资者特别是中小投资者合法权益。推进利率市场化改革,适度扩大存贷款利率浮动范围,保护存款人权益。
2月10日	国务院办公厅发布《关于巩固完善基本药物制度和基层运行新机制的意见》。
2月17日	《国务院关于推进物联网有序健康发展的指导意见》公布,提出到 2015 年,突破一批核心技术,培育一批创新型中小企业,初步形成物联网产业体系。
2月19日	央行发布公告显示,其以利率招标方式开展 28 天期限的 300 亿元正回购操作,中标利率 2.75%。此举为央行时隔八个月首次重启正回购操作,超乎市场预期。
2月20日	国务院总理温家宝主持召开国务院常务会议,研究部署继续做好房地产市场调控工作。国务院确定扩大个人住房房产税改革试点范围。
2月22日	中国证券金融股份有限公司表示,转融券业务试点的各项准备工作将于 2 月 28 日正式推出。
2月26日	交通运输部、公安部、国家发改委、工信部、住建部、商务部和国家邮政局日前联合发布《关于加强和改进城市配送管理工作的意见》。
	中国海洋石油有限公司宣布,中海油完成收购加拿大尼克森公司的交易。收购尼克森的普通股和优先股的总对价约为 151 亿美元。这是迄今中国企业成功完成的最大一笔海外并购。尼克森分布在加拿大西部、英国北海、墨西哥湾和尼日利亚海上等全球最主要产区的资产中包含了常规油气、油砂以及页岩气资源。

2月26日 至28日	中国共产党第十八届中央委员会第二次全体会议在北京举行。审议通过了在广泛征求意见的基础上提出的《国务院机构改革和职能转变方案》,建议国务院将这个方案提交十二届全国人大一次会议审议。
2月28日	中国保监会发布《关于筹建众安在线财产保险股份有限公司的批复》,同意众安在线筹建,进行专业网络财产保险公司试点。备受业界关注的"三马卖保险"一事,终于水落石出。
3月1日	国务院办公厅发出通知,要求继续做好房地产市场调控工作。通知要求继续严格实施差别化住房信贷政策。对出售自有住房按规定应征收的个人所得税,通过税收征管、房屋登记等历史信息能核实房屋原值的,应依法严格按转让所得的20%计征。
3月3日	第十二届全国人大第一次会议和政协第十二届全国委员会第一次会议,分别于2013年3月5日和3月3日在北京开幕。
3月5日	国务院总理温家宝所作的政府工作报告中提到,中国已经制定了深化收入分配制度改革若干意见,要抓紧研究制定具体政策,确保制度建设到位,实现收入倍增。
3月12日	中国人民银行召开电视电话会议,对2013年反洗钱工作进行了全面部署。
3月14日	第十二届全国人大一次会议通过并批准了关于国务院机构改革和职能转变方案,新一轮国务院机构改革即将启动,国务院组成部门减少至25个。
3月16日	第十二届全国人民代表大会第一次会议在人民大会堂举行第六次全体会议,决定国务院副总理、国务委员、各部部长、各委员会主任、中国人民银行行长、审计长、秘书长的人选;表决第十二届全国人民代表大会各专门委员会主任委员、副主任委员、委员名单案。
3月17日	中国证监会宣布中央对中国证监会主要负责人进行调整的决定,原任中国银行党委书记、董事长肖钢接替郭树清,出任中国证监会主要负责人。
3月20日	国务院总理李克强主持召开新一届国务院第一次全体会议并发表重要讲话。会议宣布了国务院领导同志分工和国务院机构设置,讨论通过了《国务院工作规则》,对政府工作进行了部署,新一届政府开始全面履职。
3月25日	财政部公开《2013年中央公共财政收入预算表》及说明。
	广东率先推出落实《国务院办公厅关于继续做好房地产市场调控工作的通知》实施细则后一周内,北京、上海、广州、深圳、重庆、天津等楼市调控重点城市陆续公布了各自版本。
3月26日	发改委宣布自27日起下调国内成品油价,汽柴油价格每吨分别降价310元、300元,折合每升降低0.23元、0.26元。
	国家发改委公布了完善后的国内成品油价格形成机制,成品油调价周期由22个工作日缩短至10个工作日;取消挂靠国际市场油种平均价格波动4%的调价幅度限制。
	第五届金砖国家峰会在南非德班国际会议中心以一场别开生面、极富民族特色的多元文艺演出拉开帷幕。这是金砖国家第一次在非洲大陆举行领导人会晤。
3月27日	国务院总理李克强主持召开国务院常务会议,会议确定了2013年政府6个方面及相关部分共48项重点工作,并将任务逐项分解到国务院各部门、各单位。会议提出新一届政府"稳增长、控通胀、防风险和推动经济转型"四件开门大事,并指出要积极推进重要领域改革。
	中国银监会出台《中国银监会关于规范商业银行理财业务投资运作有关问题的通知》,规范银行理财业务投资运作。
	财政部宣布将发行第六期记账式国债总额260亿元。
	国家发改委降低国内成品油价格的同时调整了国内成品油价格形成机制。"22天＋4%涨跌幅"的油价调整机制成为历史。

（续表）

3 月 28 日	国务院办公厅发布《国务院工作规则》。规则要求,国务院及各部门要改革和规范公务接待工作,不得违反规定用公款送礼和宴请,不得接受地方的送礼和宴请。
	中国银监会下发 2013 年第 8 号文《关于规范商业银行理财业务投资运作有关问题的通知》(简称 8 号文)。
3 月 29 日	中国银监会发布《关于深化小微企业金融服务的意见》,意在支持银行加大对小微企业的信贷支持力度,助力银行提高小微企业金融服务的水平和能力,促进小微企业可持续发展,推动产业升级和经济结构转型。
4 月 1 日	国家税务总局出台《网络发票管理办法》,要求所有电商向消费者出具发票。
	中央财政下达 2013 年中央基建投资预算(拨款)24 亿元,专项用于支持内蒙古、四川、西藏、青海、新疆等省(区)实施无电地区电力建设工程。
	港澳台居民 4 月 1 日起可开 A 股账户。
4 月 2 日	上线仅一个月的 P2P 网贷企业众贷网发布公告,宣布倒闭。该公司在"致投资人的一封信"中称,由于整个管理团队经验的缺乏,在开展业务时没有把控好风险,给投资者造成了无法挽回的损失。
	上海证券交易所发布实施《上市公司以集中竞价交易方式回购股份业务指引(2013 年修订)》。
4 月 3 日	国务院总理李克强主持召开国务院常务会议,部署开展现代农业综合配套改革试验工作。会议确定黑龙江省先行开展现代农业综合配套改革试验。
4 月 7 日	中国人民银行发布关于调整北京市差别化住房信贷政策的通知。
4 月 7 日至 8 日	博鳌亚洲论坛在海南博鳌举行。国家主席习近平出席年会开幕式并发表题为《共同创造亚洲和世界的美好未来》的主旨演讲。
4 月 8 日	商务部召开"应对贸易摩擦"专题新闻发布会,商务部新闻发言人姚坚、公平贸易局调查专员宋和平以及中国机电产品进出口商会副会长王贵清出席发布会并回答了记者提问。
4 月 9 日	国家发展改革委、国土资源部、财政部在北京组织召开了《全国资源型城市可持续发展规划(2013—2020 年)》专家论证会。
4 月 10 日	银监会印发《关于加强 2013 年地方政府融资平台贷款风险监管的指导意见》(10 号文),除了重申地方政府融资平台贷款要"控制总量"外,明确提出"隔离风险"的监管思路——要求监管部门和各家银行均要建立全口径融资平台负债统计制度。
	国务院总理李克强主持召开国务院常务会议,决定进一步扩大营业税改征增值税试点,并逐步在全国推行。一是扩大地区试点,自 8 月 1 日起,将交通运输业和部分现代服务业"营改增"试点在全国范围内推行,将广播影视作品的制作、播映、发行等纳入试点。二是扩大行业试点,择机将铁路运输和邮电通信等行业纳入"营改增"试点。力争"十二五"期间全面完成"营改增"改革。
4 月 11 日	央行公布最新数据显示,3 月末,M2 余额为 103.61 万亿元,同比增长 15.7%,M2 存量和增量均居世界第一。从 1999 年的 12 万亿元到一举跃过百万亿元,仅用了不到 15 年的时间。
4 月 12 日	美国财政部公布针对主要贸易对象的《国际经济和汇率政策报告》。报告认为,包括中国在内的美国主要贸易伙伴并未操纵货币汇率以获取不公平贸易优势,同时警告日本不要采取日元"竞争性贬值"政策。
4 月 15 日	国家统计局发布初步核算数据,一季度中国国内生产总值(GDP)为 118 855 亿元,按可比价格计算同比增长 7.7%,增速比上季度回落 0.2 个百分点。一季度,全国规模以上工业增加值按可比价格计算同比增长 9.5%,固定资产投资(不含农户)同比名义增长 20.9%,社会消费品零售总额同比名义增长 12.4%。

4 月 16 日	国土资源部公布 2013 年全国住房用地供应计划显示,全国住房用地计划供应 15.08 万公顷,是过去 5 年年均实际供应量(9.77 万公顷)的 1.5 倍,其中"三类住房"用地计划占住房用地计划总量的 79.4%。
4 月 17 日	国家发展改革委发布《关于深化限制生产销售使用塑料购物袋实施工作的通知》。
4 月 18 日	国务院办公厅、民政部、工业和信息化部、国家统计局、中国人民银行公布 2013 年部门预算。
4 月 20 日	国家国土资源部发布《2012 中国国土资源公报》。据悉,2012 年全国出让国有建设用地面积 32.28 万公顷,出让合同价款 2.69 万亿元,同比分别减少 3.3% 和 14.7%。其中招标、拍卖、挂牌出让土地面积 29.3 万公顷,占出让总面积的 90.8%;出让合同价款 2.55 万亿元,占出让合同总价款的 94.8%。
4 月 21 日	央行行长周小川出席 IMFC(国际货币与金融委员会)第二十七届部长级会议时,呼吁有关国家尽快批准该改革方案。一旦方案落实,中国在 IMF 的话语权和地位将明显跃升。
4 月 22 日	国家工商总局、中宣部、国务院新闻办、工信部、国家卫生计生委、新闻出版广电总局、食品药品监管总局、中医药局等 8 部门联合召开整治虚假违法医药广告电视电话会议,决定从 4 月下旬至 7 月下旬,联合开展为期 3 个月的打击违法虚假医药广告专项行动。
4 月 23 日	上海银监局下发《关于加强商业银行代销业务管理的通知》,以进一步规范商业银行代销业务行为。
4 月 24 日	国家发展改革委宣布下调国内成品油价,汽、柴油价格每升分别降低 0.29 元和 0.34 元。
	2013 年第八期 300 亿元国债上市。
4 月 25 日	中共中央政治局召开会议研究经济,称世界经济增长动力不足,国内经济增长能力仍需增强,环境污染和食品药品安全等问题突出。宏观政策要稳住,微观政策要放活。社会政策要托底。严格控制"两高"(高污染和高耗能)行业盲目扩张。
	十二届全国人大常委会审议通过了《中华人民共和国旅游法》,将于 10 月 1 日开始施行。
4 月 26 日	经国务院批准,中国将对企业和个人取得的 2012 年及以后年度发行的地方政府债券利息收入,免征企业所得税和个人所得税。
5 月 1 日	中国物流与采购联合会、国家统计局服务业调查中心 1 日发布的数据显示,4 月份中国制造业采购经理指数(PMI)为 50.6%,连续 7 个月高于 50%,仍处在平稳区间。
5 月 3 日	第 16 次东盟与中日韩"10+3"财长和央行行长会议在印度首都新德里附近的大诺伊达举行。会议审议通过了将"10+3"宏观经济研究办公室(AMRO)升级为国际组织的协议草案和旨在加强清迈倡议多边化(CMIM)危机救助和预防功能的协议修订稿,并批准了中方提出的研究促进基础设施融资债券发展的新倡议。
5 月 5 日	中国外管局发布《国家外汇管理局关于加强外汇资金流入管理有关问题的通知》,称将加强对异常资金流入的审查。
5 月 6 日	国务院总理李克强主持召开国务院常务会议,确定 2013 年在行政体制、财税、金融、投融资、价格、民生、统筹城乡、农业农村、科技等重点领域和关键环节加大改革力度。会议决定,在第一批取消和下放 71 项行政审批项目等事项基础上,再取消和下放 62 项行政审批事项,并依法依规及时公布。
	各地证券局向证券公司下发《关于落实〈证券公司分支机构监管规定〉的通知》以及相关公示材料及范本。这意味着,证券公司设立分支机构不再受数量和区域限制的申请正式开始受理。

（续表）

5 月 8 日	国务院总理李克强主持召开国务院常务会议,研究部署抓好当前农业生产、保障市场供应和价格平稳等工作。
5 月 9 日	央行在其公布的《2013 年第一季度中国货币政策执行报告》中,单独开辟专栏,直陈了银行资金池理财产品的"五宗罪"。货币政策执行报告的历史上,如此细致地专门分析一项银行的具体业务,实属罕见。
5 月 14 日	央行继续在公开市场上发行央票,并且规模扩大至 270 亿元,中标利率持平。与此同时,央行还开展了 28 天期正回购 520 亿元。当天净回笼资金 210 亿元。尽管资金净回笼,但当天银行间市场资金利率低位平稳运行,隔夜资金利率微涨,7 天资金利率则略有下跌。
	国土资源部办公厅下发《关于严格管理防止违法违规征地的紧急通知》,要求进一步加强征地管理,防止违法违规征地,杜绝暴力征地行为,保护农民的合法权益,维护社会和谐稳定。
5 月 15 日	中国政府网公布《国务院关于取消和下放一批行政审批项目等事项的决定》。
5 月 16 日	国务院下发文件,决定取消和下放 117 项行政审批项目,并公布了其中 104 项的清单。重点是经济领域的投资、生产经营活动项目,以及企业投资扩建民用机场,投资城市轨道等重头项目的审批权力。
5 月 21 日	中国人民银行于以利率(价格)招标方式分别发行了 90 亿元 28 天期正回购和 100 亿元 3 月期央票,操作规模大幅缩减,对应中标利率持稳于 2.75%及 2.908 9%。
5 月 22 日—24 日	由中国国际贸易促进委员会、亚太经合组织工商咨询理事会主办的 2013 APEC 青年创业家峰会在京举行。
5 月 23 日	中国证监会副主席刘新华在"2013 年中国金融论坛"上表示,今后及一段时期,中国证监会将以多层次市场建设为中心,积极拓展市场的广度深度,积极发展分层次的场外市场,扩大新三板试点范围,稳步推进市场间的有机衔接,推动中小企业私募债扩大到全国,继续支持境内企业以直接方式境外上市。
5 月 24 日	国务院批转了国家发改委《关于 2013 年深化经济体制改革重点工作的意见》。意见要求深化政府机构改革;扩大营业税改征增值税试点范围;稳步推进利率汇率市场化改革;研究制定城镇化发展规划;分类推进户籍制度改革;积极稳妥推进土地管理制度、投融资体制等促进城镇化健康发展的改革;建立健全农村产权确权、登记、颁证制度。
	中国和瑞士签署了结束中瑞自贸协定谈判的谅解备忘录,这标志着双方自 2010 年启动的自贸区谈判基本尘埃落定,离协定签署和批准实施仅一步之遥。
5 月 26 日	债券账户监管近日波及理财业务领域,中央国债登记结算有限责任公司以窗口指导的方式要求部分商业银行,即日起银行自营账户与理财产品债券账户以及理财产品债券账户之间不得办理债券交易结算。
5 月 28 日	人力资源和社会保障部发布的《2012 年度人力资源和社会保障事业发展统计公报》显示,全国 31 个省份和新疆生产建设兵团已建立养老保险省级统筹制度。
	按照全国中小企业股份转让系统(俗称"新三板")新业务规则核准公开转让的首批企业在北京举行挂牌仪式。7 家新挂牌企业的代表与全国股份转让系统公司有关负责人共同敲响开市宝钟,意味着全国股份转让系统企业挂牌步入常规化。
5 月 31 日	人民币对美元汇率中间价报 6.179 6,较前一交易日继续上涨 24 个基点,再创汇改以来新高。同日,在银行间外汇市场上,人民币对美元即期汇率未受中间价创新高影响,连续第四个交易日出现回调。
	中储粮黑龙江分公司林甸直属库发生火灾,造成 80 个粮囤、揽堆过火,直接经济损失 307.9 万元。

（续表）

6月1日	财政部开始执行《经济建设项目资金预算管理规则》，这意味着支撑地方大规模基建投资的中央财政拨付资金，在拨付后，将接受财政部的全程监管。
6月2日	中石油大连石化分公司发生爆炸火灾事故，造成4人死亡，直接经济损失697万元。
6月5日	国家发展改革委下发通知，决定逐步调整销售电价分类结构，规范各类销售电价的适用范围。
	上交所在官网发布通知，进一步明确交易型开放式指数基金（ETF）融资融券相关比例的限制要求。
	前海股权交易中心正式开业，开业首日首批挂牌展示的企业达1 200家；同时签署了9大类25单业务，并与71家机构建立战略合作。至此，前海股权交易中心成为全国挂牌企业数量最多的场外市场。
6月7日	中国人民银行发布《2013年中国金融稳定报告》表示，当前建立存款保险制度的各方面条件已经具备，内部已达成共识，可择机出台并组织实施。
6月8日	2013成都财富全球论坛正式开幕，论坛的主题是"中国的新未来"。
6月10日	国家审计署发布《36个地方政府本级政府性债务审计结果》。该审计调查抽取样本为15个省、3个直辖市本级及其所属的15个省会城市本级、3个市辖区，覆盖了全国一半以上的省级地区和省会城市，采集样本较广泛，具有代表性。审计发现，2年来上述地方政府债务余额增长了12.94%。融资平台公司、地方政府部门和机构仍是主要的举借主体。银行贷款和发行债券仍是债务资金的主要来源。用于交通运输、保障性住房、土地收储和市政建设的债务支出增长较大。
6月13日	阿里巴巴集团支付宝为个人用户推出的一项余额增值服务。通过"余额宝"，用户存留在支付宝的资金不仅能拿到"利息"，而且和银行活期存款利息相比收益更高。
6月14日	国务院总理李克强主持召开国务院常务会议，部署大气污染防治十条措施，研究促进光伏产业健康发展。会议确定了防治工作十条措施。其中包括大力推行清洁生产，大力发展公共交通；加快调整能源结构，加大天然气、煤制甲烷等清洁能源供应；强化节能环保指标约束，对未通过能评、环评的项目，不得批准开工建设，不得提供土地，不得提供贷款支持，不供电供水，等等。
6月15日	中国铁路总公司正式实施货运组织改革，推动铁路货运全面走向市场，实现铁路货运加快向现代物流转变。这次铁路货运组织改革主要有四方面重大变化：改革货运受理方式；改革运输组织方式；清理规范货运收费；大力发展铁路"门到门"全程物流服务。铁路总公司向广大客户作出"简化受理、随到随办、规范收费、热情服务"的"四句话"承诺。
6月19日	投资者刘建霞、杨希福等人在接受采访时称，建行天津分行宝坻支行存在隐瞒信托产品风险特征、未对投资者进行书面风险评估、向不合格投资者出售信托计划等行为，天津信托在管理信托计划中擅自展期损害投资人利益、向不合格投资者出售证券投资信托计划，投资人已委托律师向银监会投诉以上两家金融机构。
6月21日	海协会会长陈德铭与海基会董事长林中森在上海举行两会恢复协商以来的第九次会谈。双方签署的《海峡两岸服务贸易协议》，成为两岸经贸正常化、自由化的又一个重要里程碑。
6月24日	沪指暴跌5.3%，击穿2 000点报1 963点，单日跌幅创近四年来新高。
	经过紧张系统测试，国信、中信、海通等证券公司推出股票质押回购业务。券商加入这一市场，不仅是行业又一重大创新，还将为其每年新增数百亿元收入。
6月26日	财政部发布消息，中央财政下拨2013年中央财政疾病应急救助补助资金5亿元，对身份不明确或无负担能力患者发生的急救费用给予补助，支持各地建立疾病应急救助制度。

(续表)

6月26— 29日	"2013 陆家嘴论坛(官方站)"在上海举行。 周小川在上海陆家嘴论坛期间首次就"钱荒"风波表态,称央行对流动性的把握,市场基本上还是正确理解的。
7月1日	安徽、江苏、四川和辽宁四省上调最低工资标准。
	1日起,一批法律和部门规章正式施行。其中,修改后的劳动合同法规定,被派遣劳动者享有与用工单位的劳动者同工同酬的权利。公安部决定自7月1日起,符合条件的内地居民可以在暂(居)住地就近提交普通护照、往来台湾通行证及签注申请。
	央行发布公告称,为贯彻落实国务院关于金融支持经济结构调整和转型升级政策措施的工作部署,引导信贷资金进一步支持实体经济,近日对部分分支行安排增加再贴现额度120亿元,支持金融机构扩大对小微企业和"三农"的信贷投放。
7月3日	经国务院批准,2013 年适当扩大自行发债试点范围。确定 2013 年上海市、浙江省、广东省、深圳市、江苏省、山东省开展自行发债试点。自行发债是指试点省(市)在国务院批准的发债规模限额内,自行组织发行本省(市)政府债券的发债机制。
	国务院总理李克强主持召开国务院常务会议,原则通过《中国(上海)自由贸易试验区总体方案》。强调在上海外高桥保税区等 4 个海关特殊监管区域内,建设中国(上海)自由贸易试验区,既要积极探索政府经贸和投资管理模式创新,促进贸易和投资便利化,扩大服务业开放;又要防范各类风险,推动建设具有国际水准的投资贸易便利、监管高效便捷、法制环境规范的自由贸易试验区,使之成为推进改革和提高开放型经济水平的"试验田"。
7月4日	国务院发布国发〔2013〕24 号将重点扶持光伏骨干企业,加大财税政策支持。
7月5日	国务院发布《金融支持经济结构调整和转型升级的指导意见》,通过 10 条具体措施,促进经济结构的调整及转型升级。
7月11日	招行银行在深圳宣布成立国内私人银行第一单家族信托。
7月12日	国务院总理李克强主持召开国务院常务会议,研究部署加快发展节能环保产业。要推动节能环保和再生产品消费,到 2015 年,使高效节能产品市场占有率提高到50%以上;提升产业技术装备水平;加快节能环保重点工程建设,完善污水管网等城镇环境基础设施;营造有利的市场和政策环境;加大中央预算内投资和节能减排专项资金支持力度。
7月15日	国家统计局发布初步核算数据,上半年国内生产总值为 248 009 亿元,按可比价格计算,同比增长 7.6%。第一、二、三产业同比分别增长 3.0%、7.6%、8.3%。社会消费品零售总额同比名义增长 12.7%,固定资产投资同比名义增长 20.1%。第三产业投资增速快于全部投资。此前海关总署公布的数据显示,上半年进出口总值同比增长 8.6%。其中出口增长 10.4%,进口增长 6.7%。
7月18日	国务院办公厅发布关于印发《深化医药卫生体制改革 2013 年主要工作安排》的通知。
7月19日	中国人民银行称,自 2013 年 7 月 20 日起全面放开金融机构贷款利率管制。取消金融机构贷款利率 0.7 倍的下限,由金融机构根据商业原则自主确定贷款利率水平。取消票据贴现利率管制,改变贴现利率在再贴现利率基础上加点确定的方式,由金融机构自主确定。对农村信用社贷款利率不再设立上限。
	国家发展改革委发出通知,按照现行成品油价格形成机制,决定将汽、柴油价格每吨分别提高 325 元和 310 元,测算到零售价格 90 号汽油和 0 号柴油(全国平均)每升分别提高 0.24 元和 0.26 元。

(续表)

7月20日	央行全面放开金融机构贷款利率管制,由金融机构根据商业原则自主确定贷款利率水平。
	上海市黄浦区推出金融创新十条举措,在外滩金融集聚带建设以互联网金融和民营金融为主体的外滩金融创新试验区。
7月22日	国务院决定,取消和下放一批行政审批项目等事项,共计50项。其中,一般题材电影剧本审查等行政审批项目、全国计划生育家庭妇女创业之星等评比项目均在被取消之列。
7月23日	中共中央总书记、国家主席、中央军委主席习近平在湖北省武汉市主持召开部分省市负责人座谈会,征求对全面深化改革的意见和建议。他强调,必须以更大的政治勇气和智慧,不失时机深化重要领域改革,攻克体制机制上的顽瘴痼疾,突破利益固化的藩篱,进一步解放和发展社会生产力,进一步激发和凝聚社会创造力。
7月24日	国务院总理李克强主持召开国务院常务会议,决定按照公平税负原则,从8月1日起,对小微企业中月销售额不超过2万元的增值税小规模纳税人和营业税纳税人,暂免征收增值税和营业税,并抓紧研究相关长效机制。这将使符合条件的小微企业享受与个体工商户同样的税收政策。
	国家外汇管理局宣布,决定自2013年9月1日起,在全国范围内实施服务贸易外汇管理改革。
	酝酿两年的招商银行再融资终于拿到证监会的发行批文。按照计划,招行将在接下来的半年时间内从A股市场抽血至少285亿元,成为A股一年来最大的再融资项目,无疑给当前脆弱的A股市场当头一棒。
7月25日	中共中央在中南海召开党外人士座谈会,就当前经济形势和下半年经济工作听取各民主党派中央、全国工商联领导人和无党派人士的意见和建议。中共中央总书记习近平主持座谈会并发表重要讲话。
	国家发改委公布了《关于加强小微企业融资服务支持小微企业发展的指导意见》,提出了加快设立小微企业创业投资引导基金、扩大中小企业集合债发行规模等11条指导意见。
7月26日	国家外汇局同时批准了8家机构的15亿美元QFII额度申请,至此QFII额度增加至449.53亿美元。
	中国商务部发布2013年第45号公告,公布对原产于日本电气化学工业株式会社的进口氯丁橡胶的反倾销期中复审裁定,决定即日起,将上述日本涉案公司所适用的反倾销税率调整为20.8%。进口经营者在进口上述产品时,应依据复审裁定确定的反倾销税率向中国海关缴纳反倾销税。
7月28日	审计署称,根据国务院要求,审计署将组织全国审计机关对政府性债务进行审计。此前,审计署已先后两次组织对地方政府性债务进行了审计。
7月29日	财政部发布《暂免征收部分小微企业增值税营业税通知》。
	资产管理规模业内排名第5的博时基金,被爆出前基金经理马乐涉及两个规模分别为10亿元资金和3 000万元资金的巨额"老鼠仓",而牵涉的基金则是有着71.88亿元体量的博时精选基金。据媒体报道,马乐已在7月初被相关部门控制。
7月30日	央行在公开市场进行170亿元人民币逆回购操作,期限为7天。这是自2月初以来逆回购暂停后的首次现身,也是近5周来公开市场的首次操作。
	中共中央政治局召开会议,分析研究上半年经济形势和下半年经济工作。会议要求,下半年要继续实施积极的财政政策和稳健的货币政策;积极释放有效需求;保持农业稳定发展;加大对中小微企业等的政策扶持和服务力度;加快推进产业结构调整;深入实施区域发展总体战略;努力稳定对外贸易;继续取消和下放行政审批事项;稳定价格总水平;着力保障改善民生。

（续表）

7 月 31 日	财政部下发通知,确定分布式光伏发电项目按电量补贴实施办法。
	国务院总理李克强主持召开国务院常务会议,部署加强城市基础设施建设。会议确定:加强市政地下管网建设和改造;加强污水和生活垃圾处理及再生利用设施建设,"十二五"末,城市污水和生活垃圾无害化处理率分别达到 85% 和 90% 左右;加强燃气、供热老旧管网改造,到 2015 年,完成 8 万公里城镇燃气和近 10 万公里北方采暖地区集中供热老旧管网改造任务。
8 月 1 日	8 月起,包括免收出口商品法检费用、减少检验出口商品种类、关检"三个一"(一次申报、一次查验、一次放行)试点扩大、通关实施分类查验等直接减免出口企业费用的系列措施开始正式实施。
	中国物流与采购联合会、国家统计局服务业调查中心发布的 2013 年 7 月份中国制造业采购经理指数(PMI)为 50.3%,比上月回升 0.2 个百分点。新订单指数、企业预期指数、购进价格指数等主要分项指数都呈现不同程度回升,显示下半年开局良好,经济走势稳中趋升。
	8 月 1 日起,交通运输业和部分现代服务业营业税改征增值税试点工作将在全国范围内开展。已先行开展试点的 9 省份,此次新纳入广播影视服务试点纳税人近 1 万户。
8 月 2 日	央行发布 2013 年第二季度中国货币政策执行报告。
	中国保监会正式宣布放开普通型人身保险预定利率。寿险利率的放开最终得益的无疑是消费者,但对于险企来说则喜忧参半。
8 月 4 日	财政部表示,将加快推进营改增等相关税制改革。
8 月 5 日	7 月汇丰服务业 PMI 指数公布为 51.3,与 6 月持平,显示服务业轻微扩张,但相比调查历史数据,扩张率仍然疲弱。
	国家邮政局发布《快递业务旺季服务保障工作指南》,要求快递企业在旺季不得擅自停收或停投快件,如上调资费需向社会提前公示。
8 月 6 日	央行再度在公开市场运用逆回购工具投放货币。此次逆回购期限 7 天,交易量 120 亿元,中标利率为 4.0%。这是央行近期连续第三次开展逆回购操作。
8 月 8 日	国务院办公厅发布《关于金融支持小微企业发展的实施意见》(简称《意见》)。《意见》指出,适当放宽创业板市场对创新型、成长型企业的财务准入标准,尽快启动上市小微企业再融资。建立完善全国中小企业股份转让系统,加大产品创新力度,增加适合小微企业的融资品种。
8 月 9 日	7 月经济数据公布。"工业增速反弹超预期,投资、消费和物价都比较平稳。可以说经济企稳的积极迹象越来越明显了。"中国国际经济交流中心咨询研究部副部长王军认为。
8 月 10 日	国务院下发《关于加快发展节能环保产业的意见》,提出要释放节能环保产业的市场潜在需求,使其成为国民经济新的增长点。
8 月 11 日	国务院印发《关于加快发展节能环保产业的意见》,提出了近 3 年促进节能环保产业加快发展的目标:到 2015 年,节能环保产业总产值要达到 4.5 万亿元,产值年均增速保持 15% 以上,产业技术水平显著提升,为实现节能减排目标奠定坚实的物质基础和技术保障。
8 月 12 日	财政部公告称,将进行 2013 年第六期国库现金管理商业银行定期存款招标,操作总规模 500 亿元人民币,期限为三个月。
8 月 14 日	中宣部、财政部、文化部、审计署、国家新闻出版广电总局联合发出通知,要求制止豪华铺张、提倡节俭办晚会。
	国家发展改革委和财政部下发通知,降低部分行政事业收费标准。自 2013 年 10 月 1 日起,14 个部门 20 个行政事业性收费项目的收费标准将下调。

（续表）

8 月 15 日	中国保监会确认上海最大的保险中介公司美女总经理陈怡携 5 亿巨款潜逃。其合作伙伴涉及海康人寿、光大永明、泰康人寿、幸福人寿等 6 家。
8 月 16 日	国务院总理李克强主持召开国务院常务会议,确定深化改革加快发展养老服务业的任务措施。会议要求,到 2020 年全面建成以居家为基础、社区为依托、机构为支撑的覆盖城乡的多样化养老服务体系。
	上午 11 点 05 分开始,上证指数被以石油和银行为代表的大盘蓝筹疯狂拉升,出现了中国股市历史上罕见的走势。光大证券乌龙指导致 A 股市场出现了史上最诡异的走势。
8 月 21 日	按照《征信业管理条例》的相关要求,人民银行决定将信托公司贷款信息全面纳入金融信用信息基础数据库,并对其提供信用信息服务。
8 月 30 日	中国证监会通报光大证券乌龙指事件处理结果,认定光大证券异常交易构成内幕交易、信息误导、违法证券公司内控管理规定等多项违法违规行为。对四位相关决策责任人徐浩明、杨赤忠、沈诗光、杨剑波处以终身证券市场禁入,没收光大证券非法所得 8 721 万元,并处以 5 倍罚款,共计 52 328 万元。
	中国证监会宣布,国债期货 9 月 6 日上市交易。
9 月 1 日	数据显示,8 月份中国制造业采购经理指数(PMI)为 51.0%,比上月上升 0.7 个百分点。这是该指数连续两个月回升,且本月回升幅度超过市场预期的 50.6%。8 月份 PMI 指数明显回升,经济走稳态势进一步明确。
9 月 2 日	深圳市人民检察院 9 月 2 日传出信息表示,该院正式以涉嫌利用未公开信息罪批捕马乐。按照刑法的规定,马乐或获刑 10 年。
9 月 6 日	中国证监会通报了博时基金马乐老鼠仓事件,证监会已经对该案件进行立案调查,证监会决定对博时基金采取责令整改六个月等措施,暂停受理该公司所有新产品、新业务申请。
	国债期货上市仪式在中国金融期货交易所举行。肖钢提出要加强监管执法,严厉打击市场操纵、内幕交易等违法违规行为,要坚持做好投资者服务工作,切实维护“三公”(市场公开、公平和公正)和投资者的合法权益。
9 月 9 日	国务院总理李克强在 FT 中文网刊登的一篇文章透露,上半年中国调查失业率为 5%,失业率与经济增速、通胀等指标“处于合理、可控范围”。这是中国政府高层首次公开披露这一统计数据。
9 月 10 日	2013 新华—道琼斯国际金融中心发展指数发布——香港首次跻身全球金融中心三甲。
9 月 13 日	国家发展改革委发布通知,按照现行成品油价格形成机制,决定将汽、柴油价格每吨分别提高 90 元和 85 元,测算到零售价格 90 号汽油和 0 号柴油(全国平均)每升均提高 0.07 元。
	中国证监会召开新闻发布会,公布招商基金杨奕涉嫌老鼠仓案最新进展。中国证监会新闻发言人表示,经初步核查,杨奕涉案金额达 3 亿元,涉及 40 多只股票。
9 月 17 日	财政部网站发布财政部、科技部、工信部、发改委四部委联合出台的《关于继续开展新能源汽车推广应用工作的通知》,通知称,2013 年至 2015 年继续开展新能源汽车推广应用工作。
9 月 23 日	9 月汇丰中国制造业采购经理指数(PMI)初值为 51.2,高于 8 月的 50.1,达到六个月来最高。制造业产出指数初值为 51.1,高于 8 月的 50.9,为五个月来最高。

（续表）

9 月 29 日	中国(上海)自由贸易试验区在上海揭牌，首批入驻自贸区包括 25 家企业和 11 家金融机构，其中 11 家金融机构包括工行、农行、中行、建行、交行、招行、浦发及上海银行 8 家中资银行，花旗、星展 2 家外资银行和交银金融租赁 1 家金融租赁公司。
	国家发展改革委正式下发通知，按照现行成品油价格形成机制，决定自 9 月 29 日 24 时起，将汽、柴价格每吨分别下调 245 元和 235 元，测算全国 90 号汽油和 0 号柴油价格平均每升分别下调 0.18 元和 0.20 元。这是成品油年内第五次价格下调。
9 月 30 日	根据中国银监会公布的《消费金融公司试点管理办法》修订稿，此次修订进一步放宽了主要出资人门槛，鼓励其出具风险兜底承诺，同时取消了营业地域限制，并允许消费金融公司吸收股东存款。
10 月 1 日	9 月份中国制造业采购经理指数 PMI 为 51.1%，较上月上升 0.1 个百分点，这是该指数连续第三个月出现回升，并创下自 2012 年 5 月以来 17 个月最高。
10 月 3 日	2013 年 9 月，中国非制造业商务活动指数为 55.4%，比上月上升 1.5 个百分点。
10 月 5 日	国家发展改革委日前正式批准新疆准东煤制气示范项目开展前期工作，项目建设规模达 300 亿立方米/年，估算总投资 1 830 亿元。
10 月 9 日	内蒙君正发布公告称，将参与天弘基金增资扩股，拟出资 6 943 万元认购前者 1 542.9 万元的资本出资额，而阿里巴巴则将出资 11.8 亿元认购天弘基金 26 230 万元的注册资本额。
10 月 14 日	国家统计局公布，2013 年 9 月份，全国居民消费价格总水平同比上涨 3.1%。其中，城市上涨 3.0%，农村上涨 3.3%；食品价格上涨 6.1%，非食品价格上涨 1.6%；消费品价格上涨 3.1%，服务价格上涨 2.9%。1—9 月平均全国居民消费价格总水平比 2012 年同期上涨 2.5%。
10 月 16 日	阿里小微金融集团表示，余额宝对接的货币基金未来将会只考虑天弘基金一家。这让对此寄予很大希望的基金公司很受伤。
10 月 17 日	央行在公开市场"零操作"，暂停了此前周四常规的 14 天逆回购。这是自 7 月底本轮逆回购重启以来，逆回购首次被暂停，意味着央行认为目前流动性较为充裕，无需再通过逆回购注入流动性。
10 月 18 日	上海证券交易所发布新版《上海证券交易所交易规则》，新规则明确规定，债券 ETF、交易型货币基金、黄金 ETF 等产品将实行日内回转交易，即"T+0"。
	上海工商银行正式推出一款资产管理计划试点产品，这是国内多家银行获准试点债权直接融资工具和资产管理计划后面市的首款产品。
10 月 20 日	住建部内部人士向媒体确认，在国务院部署指导下，由住建部牵头，发改委、财政部、国土资源部等共十部委已着手建立"房地产开发企业诚信信息共享系统"，即业内号称的"黑名单"系统。
10 月 21 日	国务院总理李克强在中国工会第十六次全国代表大会上作经济形势报告时强调，发展经济的根本目的是造福人民，让广大劳动者共享改革发展成果。
	百度宣布，"百度金融中心—理财"平台将于 10 月 28 日正式上线，届时还将联合华夏基金推出目标年化收益率 8%的理财计划"百发"。
10 月 22 日	中国首批逾 100 亿元人民币的理财直接融资工具试点已发行完毕。
	上海期货交易所发布了新修订的《上海期货交易所结算细则》，对单边收取交易保证金的做法进行了规定，旨在有效提高投资者资金利用效率。
10 月 23 日	就在多地房价控制目标被指无法完成时，北京市建委发布《关于加快中低价位自住型改善型商品住房建设的意见》，大力推动限价房政策。
	大连商品交易所鸡蛋期货日前获证监会批准，目前大连商品交易所正在积极筹备挂牌交易，这标志着中国首个畜牧品种即将"破壳而出"。

(续表)

10月24日	由物联网产业链主要企业、科研单位和组织共同组建的第一个国家级物联网产业联盟在京成立。该联盟由中国电子科技集团公司率先发起,涵盖了中国电信、清华大学等40家包括产、学、研、用物联网技术各领域有影响力和代表性的单位。
	海通证券、中信证券、中信建投证券、平安证券和申银万国证券5家券商,已获得监管层出具的无异议函和上海黄金交易所的批复,允许先通过自营盘开展贵金属交易,并有望在之后被允许开展贵金属的经纪业务。
10月25日	中国人民银行宣布,为进一步推进利率市场化、完善金融市场基准利率体系,指导信贷市场产品定价,贷款基础利率集中报价和发布机制正式运行。
	国内首只中小企业可交换私募债日前在深交所备案并完成发行,这是继2012年中小企业私募债推出以来,交易所债券市场又一次产品创新。
	上海市小额票据贴现中心揭牌成立。
10月26日	财政部、商务部发布公告,公布2013年老旧汽车报废更新补贴车辆范围及补贴标准。老旧汽车报废更新补贴标准每辆18 000元。
10月28日	28日起,包括北京、广东在内的9个省(市区)居民可登陆中国人民银行征信中心个人信用信息服务平台查询本人信用报告。
10月29日	中共中央总书记习近平在主持学习时指出,"十二五"规划提出,建设城镇保障性住房和棚户区改造住房3 600万套(户),到2015年全国保障性住房覆盖面达到20%左右,这是政府对人民作出的承诺,要全力完成。
	中国人民银行(PBOC)公开市场意外进行130亿元人民币逆回购操作,期限七天。而此前自10月17日起,公开市场逆回购已暂停三次。
10月30日	上期所发布《〈上海期货交易所异常交易监控暂行规定〉有关处理标准及处理程序》修订案,对异常交易行为处理标准再次进行修订,同时还发布了非套期保值持仓限仓方案。
	30日早盘银行间质押式回购市场上,隔夜品种率先出现成交,但开盘利率即站上5%关口,截至9点40分最高达到5.20%,加权平均利率接近5.09%,刷新6月底"钱荒"过后的最高纪录。
	新浪微博微支付团队将推出金融超市产品"微财富",预计年底正式上线。该产品将在上海运营,类似理财产品销售平台,售卖基金、保险等理财产品,并会考虑接入P2P业务。
	中国财政部完成招标的1年期固息国债中标利率4.01%,再度刷新年内1年期国债中标利率最高纪录,亦大幅高于此前市场预期。
10月31日	央行在公开市场开展了14天逆回购操作,操作规模为160亿元,比周二的7天期品种稍有增加,这也是该期限逆回购连续两次暂停后首次重启操作。
11月1日	一批法规规章正式实施。其中,人力资源社会保障部发布的《社会保险费申报缴纳管理规定》要求,用人单位应当自用工之日起30日内为其职工申办社会保险登记并申报缴纳社会保险费。
	中国指数研究院发布报告显示,10月全国100个城市(新建)住宅平均价格为10 685元/平方米,环比9月上涨1.24%,为2012年6月以来连续第17个月上涨。
	中国证监会发言人表示,不管什么样的基金销售产品,违规承诺收益、违规承担损失,在基金销售中都是不允许的。
	首批17家基金公司淘宝店正式上线,中国证监会就基金销售互联网化做出表态,强调防止欺诈。
	1日起汽、柴油价格每吨下调75元,测算到零售价格90号汽油和0号柴油全国平均每升均降低6分钱。

（续表）

11 月 4 日	财政部决定发行 2013 年凭证式（四期）国债,本期国债最大发行总额 200 亿元,其中,3 年期 120 亿元,票面年利率 5.00％;5 年期 80 亿元,票面年利率 5.41％。发行期为 2013 年 11 月 10 日至 2013 年 11 月 19 日。
	福布斯在上海发布最新一年中国最佳分析师榜单。数据显示,过去一年中,来自医药生物行业的分析师表现最突出,上榜总数量最多,排名相对也最靠前,而食品饮料行业入榜分析师的数量下滑最快。
11 月 5 日	财政部表示,经国务院批准,2013 年财政部将在香港发行 230 亿元人民币国债。其中,6 月 26 日已发行 130 亿元,11 月 21 日将再发行 100 亿元。
11 月 6 日	国寿安保基金管理公司挂牌,其董事长人选为刘慧敏,总裁人选为左季庆。新《基金法》实施之后,首家由保险公司发起的基金公司将正式诞生。
11 月 8 日	上海房管局推"沪七条"二套房首付提至 7 成,限购社保认定再从严。
	中国证监会批准的鸡蛋期货合约在大连商品交易所上市交易。这是中国首次上市畜牧期货品种和鲜活农产品。
11 月 9 日	2013 年 10 月份,全国居民消费价格总水平同比上涨 3.2％。
	中国共产党第十八届中央委员会第三次全体会议于 11 月 9 日至 12 日在北京举行。全会听取和讨论了习近平受中央政治局委托作的工作报告,审议通过了《中共中央关于全面深化改革若干重大问题的决定》。
11 月 11 日	中国证监会基金部首次公布基金第三方电子商务平台名录,浙江支付宝网络有限公司是公告中唯一一家。
11 月 12 日	"双十一"天猫的网购成交额达到 350.19 亿元,比 2012 年成交额增长了 83％。天猫新浪微博发布公告称,11.11 购物狂欢节支付宝总销售额 191 亿元,其中天猫 132 亿元,淘宝 59 亿元。
11 月 14 日	中国保监会发布《人身保险客户信息真实性管理暂行办法》,此举是为加强人身保险公司客户信息真实性管理,提高客户服务质量,保护保险消费者合法权益。
11 月 15 日	财政部招标发行 200 亿元 50 年期国债,这是财政部 2013 年第五次发行超长期限国债。
	《中共中央关于全面深化改革若干重大问题的决定》公布。
11 月 19 日	京东的定制手机计划——JDPhone 发布,这是京东谋划虚拟运营商的第一步。
11 月 20 日	国务院总理李克强主持召开国务院常务会议,通过关于依法公开制售假冒伪劣商品和侵犯知识产权行政处罚案件信息的意见,决定整合不动产登记职责。
	苏黎世保险集团宣布,其全资拥有的子公司苏黎世保险开始出售所持有的新华保险 2.925 亿股 H 股,占新华保险已发行股本的 9.4％。
11 月 21 日	商务部公布《促进电子商务应用的实施意见》。《意见》指出,到 2015 年,使电子商务成为重要的社会商品和服务流通方式,电子商务交易额超过 18 万亿元,应用电子商务完成进出口贸易力争达到我国当年进出口贸易总额的 10％以上,网络零售额相当于社会消费品零售总额的 10％以上,我国规模以上企业应用电子商务比例达 80％以上。
11 月 22 日	中国第一部民间借贷的地方法律《温州民间融资管理条例》获浙江省人大常委会正式表决通过。条例取消利率 48％的上限,并明确规定公务员和金融从业人员不得参与民间融资活动。
	国土部和住建部联合发布《关于坚决遏制违法建设、销售"小产权房"的紧急通知》,要求坚决查处"小产权房"在建、在售行为。

(续表)

11 月 25 日	央行在九部委联席会议上对 P2P 行业明确给出的三点风险警示要求建立第三方资金托管机制,让 P2P 平台回归撮合的中介本质。划界 P2P 网贷平台红线,三类涉嫌非法集资。
	公开市场操作微调,央行取消了对年内最后一期到期三年央票的续作。这是自 7 月开展对到期三年央票续作以来,央行首次取消续作。
	众安保险联合阿里巴巴宣布推出"众乐宝—保证金计划"。这一国内首款网络保证金保险将为淘宝集市平台加入消保协议的卖家履约能力提供保险,在确保给予买家良好的购物保障的同时,帮卖家减负。
	华安双月鑫短期理财债基在运作 8 期之后宣布退出"舞台"。华安基金表示,双月鑫将是首只转型的理财型基金。
11 月 27 日	中国银监会发布《银行业金融机构董事(理事)和高级管理人员任职资格管理办法》,并要求自 2013 年 12 月 18 日起施行。
11 月 28 日	国内首只跨国并购基金在上海成立,定位于打造中国企业出海平台,为企业境外投资并购提供商业化、市场化、专业化的投融资综合服务,运作模式体现境内外联动、投贷联动、基金运作与企业海外发展联动的"三个联动"特色,是国内金融服务的重大创新。
11 月 30 日	中国证监会发布《关于进一步推进新股发行体制改革的意见》,预计 2014 年 1 月底之前会有 50 家左右已过会企业挂牌。这也是数次 IPO 暂停之后证监会首次明确公布 IPO 重启时间表。
	深圳证券交易所发布关于修改《深圳证券交易所交易规则(2013 年修订)》第 3.1.4 条的决定,自发布之日起施行。黄金 ETF 和基金可当日买入后卖出。
12 月 2 日	中国人民银行出台《关于金融支持中国(上海)自由贸易试验区建设的意见》。资本项目开放被视为该意见最大的亮点。
	上海市第二中级人民法院受理了原告包巨芬诉光大证券内幕交易责任纠纷一案。随着证监会针对"8·16"光大证券乌龙指事件的处罚出炉,因光大证券内幕交易而遭受损失的投资者所提起的民事索赔也拉开大幕。
	中国证监会制订并发布《首次公开发行股票时公司股东公开发售股份暂行规定》,是本次新股发行体制改革的一项重要配套措施。
12 月 3 日	中国人民银行颁布实施《征信机构管理办法》。完善个人征信机构市场退出程序。
	中共中央政治局召开会议,分析研究 2014 年经济工作,听取第二次全国土地调查情况汇报。定调 2014 年经济工作。
12 月 4 日	央行副行长刘士余在互联网金融论坛上说,鼓励互联网金融的发展,对其创新持包容的态度,但他也重申互联网金融不能碰非法集资、非法吸收公众存款两条红线。
12 月 5 日	央行等五部委发布《关于防范比特币风险的通知》(简称《通知》),《通知》明确了比特币的性质,认为比特币不是由货币当局发行,不具有法偿性与强制性等货币属性,并不是真正意义的货币。
	统计显示,截至 12 月 2 日,2013 年已成立新基金 332 只,合计募资 5 001.38 亿元,平均募资 15.06 亿元,虽然平均规模尚可,但分化严重,大量迷你基金诞生。
12 月 6 日	大连商品交易所纤维板、胶合板期货合约正式上市交易,两板期货首日均挂牌 8 个期货合约。
	中国证监会发布关于 IPO 财务信息披露的有关指引,旨在进一步促进发行人提高信息披露质量。
	财政部、人力资源社会保障部、国家税务总局联合发布《关于企业年金、职业年金个人所得税有关问题的通知》称,自 2014 年 1 月 1 日起,实施企业年金、职业年金个人所得税递延纳税优惠政策。

（续表）

12 月 8 日	央行网站公布《同业存单管理暂行办法》,存款类金融机构可在银行间市场发行利率以市场化方式确定的同业存单,办法从 12 月 9 日起施行。标志着我国存款利率市场化又迈出了重要的一步。
12 月 9 日	国家统计局公布 11 月份全国居民消费价格总水平同比上涨 3.0%。1—11 月平均全国居民消费价格总水平比 2012 年同期上涨 2.6%。
12 月 10 日	交通银行香港分行、农业银行香港分行、中国银行香港分行、建设银行香港分行首次推出的"宝岛债"10 日在台湾证券柜台买卖中心同步挂牌交易,合计发行金额达到 67 亿元人民币。
	中央经济工作会议在北京开幕。这次会议分析国际国内经济形势,总结 2013 年经济工作,提出 2014 年经济工作总体要求和主要任务。
	全国人大财经委员会在人民大会堂召开证券法(修改)和期货法起草组成立暨第一次全体会议,正式启动证券法修改和期货法立法工作。
12 月 12 日	中央城镇化工作会议 12 月 12 日至 13 日在北京举行。会议提出了推进城镇化的六大主要任务。
12 月 13 日	中国证监会发布修订后的《证券发行与承销管理办法》。证监会还将协调有关单位出台若干配套措施,建立承销商诚信档案,投资者"黑名单"制度等。
	沪、深两地交易所各自发布了"首次公开发行股票网上申购及网下发行实施办法",并自发布之日起实施。"市值配售"在谢幕了 11 年后,终于重返江湖。
	中国证监会就《优先股试点管理办法》公开征求意见,对优先股发行主体、发行条件、投资者资格等内容予以详细规定。
12 月 14 日	国务院发布《关于全国中小企业股份转让系统有关问题的决定》,股份转让将扩容至全国所有符合条件的企业,备受关注的"新三板扩容"靴子落地。
12 月 16 日	继央行等五部委发布《关于防范比特币风险的通知》禁止金融机构提供比特币交易服务后,央行 16 日再度约谈支付宝等第三方支付公司,要求不能给比特币、莱特币等交易网站提供支付与清算服务。
	继国务院做出关于全国中小企业股份转让系统有关问题的决定后,证监会立即跟进并发布了关于修改《非上市公众公司监督管理办法》公开征求意见通知。本次修改扩大了非上市公众公司的涵盖范畴,并明确了股份转让只能在全国中小企业股份转让系统进行等一系列规则。
12 月 18 日	上海证券交易所将对个股期权投资者进行分级管理,未来个股期权正式推出后,个人投资者准入门槛暂定为 50 万元证券账户资产。
	上海市网络信贷企业联盟发布全国首个网贷行业准入标准,规定联盟内公司不得以任何方式挪用出借人资金,必须建立自有资金与出借人资金隔离制度,不得以期限错配方式设立资金池。这是上海的 P2P 行业为规范发展,自行拟定的自律标准。
12 月 20 日	国务院公布《国务院关于修改部分行政法规的决定》,自公布之日起施行。
12 月 23 日	乌龙事件再度上演。本该终止上市,等待三个月后"封转开"的基金普惠仍在深交所正常交易。在开市并零星交易 1.5 个小时后,交易所紧急叫停基金普惠交易。
12 月 24 日	中央农村工作会议在北京闭幕。会议研究了全面深化农村改革、加快农业现代化步伐的重要政策,部署了 2014 年和今后一个时期的农业农村工作。
12 月 25 日	东方证券资产管理有限公司公告称,获批的东方红新动力混合基金将于 12 月 30 日起全国发售。这是业内首只由券商担任管理人发行的基金产品。

（续表）

12 月 27 日	《国务院办公厅关于进一步加强资本市场中小投资者合法权益保护工作的意见》对外发布。
	中国证监会发布七项配套规则,这标志着新三板试点扩大至全国工作启动。
	上海证券交易所发布《关于修订和废止上海证券交易所退市公司股份转让系统相关业务规则的通知》,取消了退市公司股份转让系统的设置。
12 月 30 日	全国股份转让系统根据修订后的《非上市公众公司监督管理办法》,结合市场运行的实际情况,配套制定和发布 8 项业务制度,配套修订 6 项业务制度。
	中国证券登记结算有限责任公司公布了《全国中小企业股份转让系统登记结算业务实施细则》。

表 1-6　2013 年国际市场大事记

1 月 1 日	美国国会参、众两院先后投票通过解决"财政悬崖"问题的议案,为解决"财政悬崖"消除了关键的法律障碍。
1 月 2 日	受美国国会通过解决"财政悬崖"议案推动,美国股市在新年第一个交易日强势开局。截至收盘,道指涨 2.35%,标普涨 2.54%,纳指涨 3.07%。
1 月 4 日	美国商务部作出初裁,认定中国和奥地利的黄原胶生产商或出口商在美国市场存在倾销行为。
1 月 8 日	美国联邦储备委员会宣布,美国银行等大型银行和抵押贷款服务商等 10 家金融机构因在发放住房抵押贷款和办理房屋止赎手续过程中存在违规行为,将向房屋贷款者支付共计 85 亿美元赔款。
1 月 10 日	欧盟委员会发布《2020 创业行动计划》,该行动计划强调教育和培训的重要作用,高度重视在学校中提倡创业精神,希望以此造就新一代创业者,振兴欧洲经济。
1 月 11 日	日本政府推出总额 20.2 万亿日元(约合 2 262 亿美元)的大规模经济刺激计划,以克服通缩、刺激经济增长。
1 月 12 日	希腊议会通过一项旨在增加税收、简化税制的法案,它是希腊获得欧盟及国际货币组织救助贷款的前提条件之一,也是希腊政府正在进行的大规模税收改革的一部分。
1 月 14 日	总部设在巴黎的经济合作与发展组织(经合组织)发布的综合经济先行指数报告显示,该组织主要成员国和主要新兴经济体将在未来几个月内保持持续增长态势,中国和印度经济上行趋势更加明显。
1 月 15 日	日本政府通过了总规模达 13.1 万亿日元(1 美元约合 88.73 日元)的 2012 财年(截至 2013 年 3 月底)补充预算案。为此,日本政府将追加发行 5.211 万亿日元国债。
1 月 16 日	为了反映各国商业单位在生产链中日益分散的情况,经合组织与世贸组织经过多年合作,推出全球贸易测算新方法——附加值贸易测算法,并首度公布了反映这一方法的数据库。
1 月 17 日	国际货币基金组织(IMF)宣布,已经完成对葡萄牙的第六轮经济评估,并批准向葡萄牙发放约 8.388 亿欧元(约合 11.16 亿美元)救助贷款。
1 月 19 日	美国众议院多数党领袖、共和党人埃里克·坎托发表声明说,众议院将于下周批准将债务上限临时提高 3 个月的方案,以此为两党在财政问题上的磋商留出更多时间。
1 月 23 日—27 日	为期五天的第 43 届世界经济论坛年会在瑞士东南部小镇达沃斯闭幕。来自全球 150 多个国家和地区的 2 500 多名政商精英齐聚一堂,深入探讨了全球面临的各种风险、挑战以及应对之策。

（续表）

1月31日	欧洲央行发布的欧元区银行 2012 年第四季度信贷情况调查结果显示，该季度欧元区银行信贷条件进一步缩紧，企业贷款需求继续下滑。
2月1日	美国国会参议院投票通过了短期延长公共债务上限的议案，允许美国财政部继续发行国债至 5 月 19 日以维持联邦政府运营，这标志着美国联邦政府短期内将避免"断粮"的风险。
2月4日	英国政府公布一项银行监管议案，旨在保护银行零售业务免受投资业务风险冲击，避免金融业重蹈 2008 年金融危机覆辙。财政大臣乔治·奥斯本称该议案是银行业的"围栏加装电网"。
2月6日	英美两国监管当局宣布，对英国苏格兰皇家银行处以约 6.1 亿美元的罚款，以惩戒其操控伦敦银行间同业拆借利率（LIBOR）的行为。这已是全球第三家因利率操纵遭受重罚的大银行。此前，英国巴克莱银行已被罚款 4.5 亿美元，瑞士银行业巨头瑞银集团（UBS）被罚 15 亿美元。
2月7日	爱尔兰总理肯尼宣布，政府当天与欧洲央行达成有关盎格鲁—爱尔兰银行的债务展期安排。这意味着爱尔兰未来 10 年将不必每年负担高达 31 亿欧元（约 41.5 亿美元）的债务成本。
2月8日	欧盟领导人就 2014 年至 2020 年中期预算达成一致，总额为 9 600 亿欧元（约合 1.28 万亿美元）。这是欧盟历史上首次削减中期预算，与此前七年的预算额相比削减幅度超过 3%。
2月11日	经济合作与发展组织发布的综合经济先行指数报告显示，该组织整体经济将在未来几个月内保持稳定增长，2012 年第三季度陷入二次衰退的欧元区经济继续显现趋稳态势。
2月12日	由主要发达国家组成的七国集团发表声明称，汇率过度波动会破坏经济金融稳定。七国集团重申长久以来承诺的由市场决定汇率，并将密切关注汇率市场变动。
	美国总统奥巴马在国会发表国情咨文讲话，重点强调经济议题，提出应通过改革税收制度、鼓励制造业发展、加强基础设施建设等多项措施促进美国经济发展。
2月14日	美国航空公司和全美航空公司宣布合并。按收入和乘客数量计算，合并后的公司将成为世界最大的航空公司。
2月15日	二十国集团财长和央行行长会议在莫斯科开幕，与会代表将就全球经济形势、"强劲、可持续和平衡增长框架"、国际货币体系改革、促进就业、金融监管等重要议题展开讨论。
	美国财政部公布的数据显示，2012 年 12 月美国最大债权国中国增持美国国债 197 亿美元。
2月16日	二十国集团财长和央行行长会议在莫斯科闭幕。会后发表的联合声明指出，当前全球经济下行风险减弱，但全球经济增长依然过于疲弱。各方应协调努力，强化互信，履行此前作出的改革承诺，推动全球经济稳步复苏并实现强劲、可持续和平衡增长。
2月25日	中国石油化工集团公司宣布，其全资子公司国际石油勘探开发公司与美国第二大天然气开发商切萨皮克能源公司签署协议，收购其位于俄克拉荷马州北部部分碳酸盐岩油藏油气资产 50% 的权益，总交易对价 10.2 亿美元。
2月26日	中国海洋石油有限公司宣布，中海油完成收购加拿大尼克森公司的交易。收购尼克森的普通股和优先股的总对价约为 151 亿美元。这是中国企业迄今完成的最大一笔海外并购。
	世界贸易组织就欧盟诉中国 X 射线安检设备最终反倾销措施争端案发布专家组报告。报告认为，中国的一些做法违反了世贸组织《反倾销协定》的相关规定，对欧盟的利益造成了损害。但在部分争议问题上，专家组驳回了欧盟的诉求。

2 月 28 日	欧盟委员会宣布，即日起启动对中国太阳能玻璃反倾销调查。根据欧盟相关法规，欧盟委员会拟于 9 个月后对调查作出初裁，决定是否对涉及产品征收临时性反倾销税。
3 月 1 日	由于美国民主、共和两党无法在削减赤字问题上弥合分歧，美国财政自动减赤机制正式启动，本财年将强制削减财政开支约 1 090 亿美元。投资者担心削减开支计划将影响美国经济复苏，国际油价当天大幅下挫。
3 月 2 日	塔吉克斯坦从 2 日起成为世界贸易组织第 159 个正式成员。
3 月 4 日	2013 年福布斯全球富豪榜揭晓。墨西哥电信大亨卡洛斯·斯利姆以 730 亿美元身价连续第四年蝉联全球首富。李嘉诚以 310 亿美元排名第八，居华人首位。宗庆后以 116 亿美元排名第 86，居中国内地首位。
3 月 5 日	欧盟委员会发布公告称，欧盟将自 3 月 6 日起对产自中国的光伏产品实施进口登记。欧委会是在正式启动对中国光伏产品反倾销调查后 6 个月启动登记程序，欧委会将在 6 月 5 日前后公布对光伏倾销案的初步裁决。
3 月 6 日	欧盟委员会发布公告称，由于微软未能遵守其承诺的向客户开放使用其他浏览器的选择，欧盟对微软开出 5.61 亿欧元（约 7.3 亿美元）的罚单。
	美国国会众议院通过本财年（截至 2013 年 9 月底）下半年总额约为 9 840 亿美元的联邦政府预算临时拨款议案，以避免美国联邦政府在 3 月底出现关门危机。
3 月 7 日	日本副首相兼财政大臣、金融担当大臣麻生太郎正式宣布推举财务省财务官中尾武彦为亚洲开发银行行长候选人。
	欧洲央行召开例行货币政策会议，决定维持欧元区主导利率 0.75% 不变，并继续实施适应性货币政策。英国央行也宣布将基准利率维持在 0.5%，并保持量化宽松规模不变。
3 月 8 日	日本政府上调 2012 年第四季度经济增长数据，按年率计算，实际国内生产总值（GDP）由初步统计的负增长 0.4% 上调为增长 0.2%。这是日本经济连续两个季度萎缩后首现正增长。
	新加坡金融管理局与中国人民银行宣布续签双边本币互换协议，互换规模由原来的 300 亿新元（1 500 亿人民币）扩大至 600 亿新元（3 000 亿人民币）。新协议为期 3 年，经双方同意可以展期。
	国际三大评级机构之一——惠誉将意大利长期主权信用评级从 A－下调一级至 BBB＋，评级展望为负面。惠誉称，政治不确定性加大、债务攀升以及经济衰退加深是下调意大利评级的最主要原因。
3 月 12 日	国际货币基金组织副总裁朱民表示，伴随新兴经济体的快速经济增长，当前全球经济格局出现重心逐渐转移、各国经济关联度加强等新趋势。
3 月 13 日	总部设在美国得克萨斯州的能源巨头埃克森美孚公司发布能源展望报告说，由于技术进步带动页岩油气开采，到 2040 年北美地区石油和天然气产量将增长 45%。
3 月 14 日	欧洲理事会主席范龙佩在欧盟春季峰会上表示，欧盟首脑重申对欧盟总体经济战略的支持。这一战略包括四个要点，即重建与维护金融稳定，确保公共财政的结构性稳固，应对失业、特别是年轻人失业问题，以及改革以提高竞争力与长期发展潜力。
3 月 15 日	葡萄牙政府宣布，由欧盟委员会、欧洲央行和国际货币基金组织组成的"三驾马车"通过了对葡执行援助方案情况的第七次评估，并同意再向葡发放总额为 20 亿欧元（约 26 亿美元）的援助款。
	日本首相安倍晋三宣布，日本将加入《跨太平洋战略经济伙伴协定》（TPP）谈判。

（续表）

3 月 18 日	亚洲开发银行发布《亚洲债券监测》报告指出，由于东亚地区本币债券市场 2012 年全年增长 12.1%，应警惕存在资产价格泡沫的风险。
3 月 20 日	美国联邦储备委员会宣布，将维持现有的超低利率和量化宽松政策，以刺激就业增长和经济复苏。
3 月 21 日	美国国际贸易委员会作出终裁，认定从中国进口的不锈钢水槽损害了美国产业，美国将对此类产品征收反倾销和反补贴（"双反"）关税。
	国际信用评级机构标准普尔公司宣布，下调塞浦路斯长期主权信用评级，由 CCC＋下降一档至 CCC，评级展望为"负面"。
3 月 22 日	俄罗斯财政部长西卢安诺夫对媒体表示，俄罗斯与塞浦路斯有关金融援助的谈判已经结束，俄方对塞方的提议不感兴趣。
	希腊政府宣布，希腊主要银行比雷埃夫斯银行决定收购塞浦路斯主要银行在希腊的分支机构。此举将减轻塞浦路斯银行业的负担，为该国获得救助贷款创造条件。
	国际信用评级机构惠誉公司宣布，将英国的 AAA 长期发行人违约评级列入负面观察名单，表明该机构在短期内对英国主权信用评级进行下调的可能性上升。
3 月 23 日	来自塞浦路斯议会方面的消息说，该国议会将存款征税法案的辩论时间推迟到 24 日的欧元集团财政部长会议之后。
3 月 25 日	欧元集团主席戴塞尔布卢姆宣布，欧元区财长已经批准此前由塞浦路斯和欧盟、国际货币基金组织、欧洲中央银行三方国际救助机构达成的新救助协议。
	日本和欧盟宣布启动"经济合作协定"（EPA）谈判。
3 月 26 日	中国和巴西在南非德班举行的金砖国家财长和央行行长会议期间签署中巴双边本币互换协议，互换规模为 1 900 亿元人民币/600 亿巴西雷亚尔，有效期三年，经双方同意可以展期。
	金砖国家第三次经贸部长会议在南非德班举行。五国经贸部长共同发表了联合公报和《金砖国家贸易投资合作框架》文件。
	惠誉宣布将塞浦路斯评级列入负面观察名单，表明该机构短期内对塞主权信用评级进行下调的可能性上升。
	在南非德班举行、为期两天的金砖国家领导人第五次会晤结束。会晤在推动金砖国家务实合作方面取得新进展，决定设立金砖国家开发银行、外汇储备库，宣布成立金砖国家工商理事会和智库理事会。
3 月 28 日	中日韩自贸区第一轮谈判在韩国首尔结束，三国讨论了自贸区的机制安排、谈判领域及谈判方式等议题。
	经济合作与发展组织发布中期经济展望报告指出，2013 年上半年全球经济活动将呈现恢复迹象，但欧元区经济增长乏力，拖累全球经济复苏。
3 月 29 日	塞浦路斯总统阿纳斯塔夏季斯表示，与国际救助机构达成的协议使塞浦路斯免于"经济崩溃"，塞浦路斯不会放弃欧元。
3 月 30 日	塞浦路斯政府宣布，该国第一大银行塞浦路斯银行存款人超过 10 万欧元（约 13 万美元）的存款最终承受的损失最高将达 60%。
3 月 31 日	经过为期三个多月的申诉期，阿根廷政府最终向不接受债务重组的债权人软化立场，同意对它总额为 13.3 亿美元的违约外债进行重组并公布具体方案。
4 月 2 日	受利好经济数据提振，纽约道琼斯指数和标普 500 指数再度刷新历史新高。
4 月 4 日	日本央行作出一系列重大货币政策调整，包括为实现 2% 的新通胀目标设定两年期限，决定两年内将基础货币量扩大一倍，将更长期限的国债纳入收购对象，将基础货币量设定为货币市场操作的主题目标等。
	欧洲央行决定维持欧元区主导利率 0.75% 不变。欧洲央行行长德拉吉说，将密切关注未来经济形势，并随时准备根据具体情况调整利率。

4月5日	葡萄牙宪法法院宣布,葡政府 2013 年预算案中有关减少发放公务员及退休人员假日津贴等四项条款违宪,给葡政府实现减赤目标增添不确定性。
4月8日	日本中央银行——日本银行宣布实施新的公开市场操作——购买长期国债 1.2 万亿日元(1 美元约合 98.57 日元),当天该行已开始招标,10 日进行资金交付。
4月9日	美国联邦储备委员会主席伯南克表示,虽然美国经济仍面临较多挑战,但是美国经济已有显著改善,美国银行业的抗风险能力也明显增强。
4月10日	中国人民币与澳大利亚元开始在银行间外汇市场直接兑换交易,而无需再通过美元间接兑换。至此,澳元成为继美元、日元之后第三个与人民币直接交易兑换的西方国家主权货币。
4月11日	国际钢铁协会表示,2013 年全球钢铁需求将增长 2.9% 至 14.54 亿吨,2014 年全球钢铁需求将进一步增长 3.2% 至 15 亿吨。
4月12日	美国财政部公布了针对主要贸易对象的《国际经济和汇率政策报告》。报告认为,包括中国在内的美国主要贸易伙伴并未操纵货币汇率以获取不公平贸易优势,同时警告日本不要采取日元"竞争性贬值"政策。
	欧元集团主席戴塞尔布卢姆宣布,欧元区财长同意将给予爱尔兰和葡萄牙的救助贷款偿还期限延长 7 年,以帮助两国重返国际市场获得融资。
4月13日	美国财政部公布半年一次的《国际经济和汇率政策报告》,确认中国未操纵货币汇率。
	美国波士顿马拉松赛场发生爆炸,纽约股市三大股指全线暴跌,道琼斯指数和标普指数均创 2012 年 11 月以来最大单日跌幅。同日,国际黄金价格再次跳水,创下 20 世纪 80 年代以来最高单日跌幅。
4月16日	国际货币基金组织(IMF)发布最新一期《世界经济展望报告》,将 2013 年全球经济增长预期降至 3.3%,比其之前的预测下降了 0.2 个百分点。
	国际评级机构穆迪宣布,维持中国主权债务的 Aa3 评级不变,但将评级展望由先前的"正面"下调至"稳定"。
4月17日	IMF 发布《全球金融稳定报告》指出,金融危机遗留下来的"旧风险"和发达国家宽松货币政策带来的"新风险"仍然对全球金融稳定构成威胁,如果决策者应对迟缓,可能再度酿成新的金融动荡。
4月18日	德国联邦议院以压倒多数通过了国际救助机构与塞浦路斯达成的总额 100 亿欧元(约合 131 亿美元)的救助方案。
	金砖国家财长和央行行长在美国华盛顿举行会议。
4月19日	IMF 和世界银行 2013 年春季会议在华盛顿开幕。
	国际信用评级机构惠誉公司宣布下调英国主权信用评级,由 AAA 下降一档至 AA+,评级展望为"稳定"。
4月20日	2013 年亚太经合组织(APEC)贸易部长会议在印度尼西亚泗水开幕,会议将重点讨论实现茂物目标、促进公平可持续增长、推动互联互通等议题。
4月21日	2013 年亚太经合组织(APEC)贸易部长会议在印尼泗水闭幕,与会各方发表共同声明继续支持多边贸易体系,推动实现茂物目标,促进公平可持续增长,推动互联互通。中国商务部部长高虎城呼吁展现政治意愿推动多哈回合谈判。
4月22日	欧洲理事会主席范龙佩在第四届布鲁塞尔智库对话上发表闭幕讲话时强调,过去三年来,欧盟成功阻止了欧元崩溃,缓解了债务危机,目前经济危机成为欧盟最大的问题,经济增长和就业形势没有达到预期目标。
4月24日	2013 年世界经济论坛拉美会议在秘鲁首都利马开幕。与会者将探讨拉美国家面临的机遇与挑战,促进地区经济社会和谐发展。

（续表）

4 月 25 日	受宽松货币政策预期影响,纽约商品交易所黄金期货市场交投最活跃的 2013 年 6 月交割黄金期价收于每盎司 1 462 美元,涨幅达 2.69%,为 2012 年 6 月以来单日最大涨幅。
4 月 26 日	美国商务部公布的数据显示,2013 年第一季度美国实际国内生产总值按年率计算增长 2.5%,表现好于上季度 0.4%的增速。截至 2013 年第一季度,美国经济已实现连续 15 个季度增长。
4 月 28 日	希腊议会通过了包括大规模裁减公务员等内容的一揽子改革法案,为获得 88 亿欧元救助贷款铺平了道路。
4 月 30 日	世界银行发布报告,将印度本财年(2013 年 4 月至 2014 年 3 月)经济增长预期调降至 6.1%,相较六个月前预计的 7%下降近 1 个百分点。报告称,此次下调主要是因为印度农业部门增长预期由之前的 2.7%放缓至 2%。
	塞浦路斯议会以微弱多数批准了政府与欧元集团达成的 100 亿欧元救助协议。协议规定,塞浦路斯最大银行塞浦路斯银行 10 万欧元以上存款将承受近 60%的损失,第二大银行大众银行 10 万欧元以下存款并入塞浦路斯银行,10 万欧元以上存款被冻结直到七年后被清算。
5 月 2 日	美国总统奥巴马提名女企业家彭妮·普里茨克出任美国商务部长,提名白宫负责国际经济事务的副国家安全事务助理迈克尔·弗罗曼担任美国贸易代表。
	欧洲央行召开例行货币政策会议,决定将欧元区主导利率调降 25 个基点至 0.5%的历史新低。这是自 2012 年 7 月以来欧洲央行首次调息。
5 月 3 日	欧盟委员会发布"春季经济预测"报告说,欧盟经济在 2012 年经历萎缩后将于 2013 年逐渐趋于稳定,并在下半年恢复增长。欧盟委员会预计,2013 年欧盟与欧元区经济将分别出现 0.1%与 0.4%的萎缩,2014 年恢复增长,增速分别为 1.4%与 1.2%。
	第十六届东盟与中日韩(10＋3)财长和央行行长会议在新德里举行。中国财政部副部长朱光耀与中国人民银行行长助理金琦率由财政部、中国人民银行、外交部、香港金管局代表组成的中国代表团出席会议。
5 月 4 日	亚洲开发银行理事会第 46 届年会在印度首都新德里举行。会议主要就亚洲如何实现经济结构改革、加强区域经济一体化合作、应对能源挑战及完善亚行内部治理改革等议题进行了深入讨论。
5 月 7 日	澳大利亚中央银行宣布,将基准利率下调 25 个基点至 2.75%的历史低点,以刺激澳大利亚经济。
5 月 8 日	世界贸易组织正式宣布,根据第三轮遴选结果,确定巴西候选人罗伯托·阿泽维多为下任总干事推荐人选。
5 月 9 日	世界经济论坛在南非开普敦发表《非洲 2013 年竞争力报告》说,非洲国家要想实现可持续发展,提高非洲人民的生活水平,就必须提高自身的"长期竞争力"。
5 月 10 日	美国财政部长雅各布·卢在伦敦表示,美国对日本的货币政策表示关注,警告其应避免操纵汇率,引发货币战。
	由主要发达国家组成的七国集团(G7)财长和央行行长 10 日至 11 日在英国举行会谈,对于外界关心的"货币战争"问题,会议再次重申绝不操纵汇率的承诺。
5 月 13 日	欧盟理事会通过法规,加强对外部评级机构监管,以减少欧洲金融机构对其依赖。
5 月 14 日	世界贸易组织召开总理事会正式会议,全体一致通过任命巴西人罗伯托·阿泽维多为该组织下任总干事。阿泽维多成为首位来自拉丁美洲的世贸组织总干事,接替将于 8 月 31 日卸任的帕斯卡尔·拉米。
5 月 15 日	受隔夜美股上扬和美元对日元汇率升破 1 比 102 关口刺激,东京股市日经 225 种股票平均价格指数自 2007 年 12 月以来首次收复 15 000 点大关。

(续表)

5 月 17 日	世界银行发布报告说,到 2030 年发展中国家在全球总投资中的比重将超过一半,而在全球资本存量中所占的比重也将显著上升。
5 月 18 日	国际信用评级机构惠誉下调斯洛文尼亚主权信用评级,由 A－下降一档至 BBB＋,评级展望为"负面"。这是惠誉 2012 年 8 月份以来第二次下调该国主权信用评级。
5 月 19 日	美国联邦政府举债额度当天再度"撞线"。此前,美国国会两党在 2013 年 1 月底达成协议,允许暂时解除债务上限管制到 5 月 18 日,意味着在这个日期前美国财政部可以继续发债以履行偿付义务。
5 月 21 日	经济合作与发展组织公布报告说,2013 年第一季度,该组织 34 个成员整体国内生产总值(GDP)环比增长 0.4%,同比增长 0.8%。其中,欧盟 27 个成员国一季度整体 GDP 环比下降 0.1%;美国和日本则增长加速,日本环比增幅达 0.9%。
5 月 21 日	欧盟峰会在布鲁塞尔举行,讨论如何通过改进欧盟税收和能源政策以提升欧洲经济竞争力,一致同意将就降低能源成本、打击偷税漏税采取一系列行动。
5 月 23 日	东京股市遭遇暴跌。在日本长期利率飙升至 1% 及市场忧虑中国经济复苏前景的利空打压下,获利回吐盘乘机涌出,日经股指跌幅高达 7.32%。
	联合国发布《2013 年世界经济形势与展望》报告说,世界经济面临的下行风险尚未完全消失,全球经济增长将继续保持低迷,预计 2013 年全球经济将增长 2.3%。
5 月 28 日	标普/凯斯席勒房价指数报告显示,2013 年第一季度美国房地产市场回暖势头明显,全国房价指数同比上涨 10.2%。美国经济研究机构世界大型企业研究会也公布报告说,5 月的美国消费者信心指数创 5 年来最高水平。
5 月 29 日	经济合作与发展组织发布最新经济展望报告说,发达经济体将从 2013 年中期开始逐步复苏,并延续至 2014 年全年。
	美国商务部作出终裁,认定从中国和奥地利进口的黄原胶存在倾销行为。
6 月 1 日	日本与莫桑比克签署投资协定,这是日本与撒哈拉南部非洲国家签署的首个投资协定。
6 月 4 日	德国经济部长勒斯勒尔批评欧盟委员会宣布对中国太阳能电池板征收临时性惩罚关税。
	澳大利亚央行宣布,基准利率将不变,维持在 2.75% 的水平。
6 月 7 日	美国国际贸易委员会裁定,中国、墨西哥和泰国出口商在美国市场销售预应力混凝土钢轨用钢丝产品存在倾销行为,美国政府将继续对此类产品进行反倾销调查。
6 月 14 日	日本政府正式出台以"日本再兴战略"为名的经济增长战略和中长期经济财政运营指引。该战略以产业振兴、刺激民间投资、放宽行政管制、扩大贸易自由化为主要支柱,计划通过减税等优惠措施刺激企业设备投资。
6 月 18 日	在英国北爱尔兰举行的八国集团峰会结束全部议程,八国首脑就公平税收、提高透明度和开放贸易达成共识,并联合发表《厄恩湖声明》。
6 月 19 日	美联储宣布将维持现有的超低利率和量化宽松货币政策,以进一步刺激就业增长和经济复苏。美联储主席伯南克表示,美联储可能在 2013 年晚些时候开始减少资产购买计划规模,并在 2014 年彻底结束 QE3。
6 月 20 日	第 17 届圣彼得堡国际经济论坛开幕,与会者就改革全球金融体系、完善公共债务管理、促进对实体经济投资、保证粮食安全及实现能源市场可持续发展等问题展开讨论。论坛当天举办的二十国集团商业峰会发表声明倡议全球经济向新发展模式过渡,实现可持续平衡增长。

（续表）

6 月 21 日	俄罗斯总统普京在第十七届圣彼得堡国际经济论坛全体会议上发表主旨演讲。他说,俄罗斯未来 25 年每年将向中国供应 4 600 万吨石油,该协议总价值高达 2 700 亿美元。
6 月 22 日	欧盟财长会当天凌晨闭幕,欧盟成员国没有就如何清算困难银行的政策达成一致,欧盟银行业联盟建立进程有可能被拖延。
	中英两国央行联合发布声明说,两国央行已签署了规模为 2 000 亿元人民币/200 亿英镑的中英双边本币互换协议,旨在为双边经贸往来提供支持,并有利于维护金融稳定。
6 月 25 日	标准普尔公司发布标普/凯斯席勒房价指数报告,2013 年 4 月份美国 20 个大城市房价指数和 10 大城市房价指数同比分别上涨 12.1％和 11.6％,同比涨幅创 2006 年以来的最高水平。
6 月 26 日	联合国贸发会议发布《2013 年世界投资报告》,2012 年全球外国直接投资比上年下降 18％,降至 1.35 万亿美元。
6 月 28 日	汇丰银行全球研究部在伦敦发布报告说,预计今明两年全球经济增速分别为 2.0％和 2.6％,均较此前发布的预期值有所下调。
7 月 4 日	标普发表报告称,中国银行间市场同业拆借利率大幅上升主要是由技术和季节性因素导致的一种暂时的流动性吃紧现象。
7 月 9 日	纽约泛欧证券交易所集团下属的利率管理有限公司成为伦敦银行间同业拆解利率(LIBOR)新的管理者。此举旨在重建 LIBOR 的信用度。
7 月 10 日	第五轮中美战略与经济对话在美国华盛顿举行,为期两天。
	欧盟委员会公布设立"单一清算机制"的提议。根据这项提议,欧盟无需征得成员国同意,有权视情况关闭任何陷入困境的银行。该提议遭到德国反对。
7 月 11 日	第五轮中美战略与经济对话闭幕,本轮对话取得重要积极成果。双方同意,以准入前国民待遇和负面清单为基础开展中美双边投资协定实质性谈判。
7 月 12 日	惠誉国际信用评级有限公司将法国主权信用评级从最优的"AAA"级下调至"AA＋",评级展望前景为"稳定"。
7 月 16 日	美国财政部公布的数据显示,2013 年 5 月份,美国最大债权国中国增持美国国债 252 亿美元。
7 月 18 日	素有"汽车之城"美誉的美国中西部城市底特律正式申请破产保护,超过 180 亿美元的负债规模使其不堪重负,最终走上了申请破产保护之路,成为美国历史上申请破产保护的最大城市。
7 月 19 日	二十国集团财政部长和央行行长会议在莫斯科开幕,发达经济体退出量化宽松等经济刺激政策是本次会议的讨论重点。
	英国财政部发布公告说,政府将把页岩气开发收益税率由当前的 62％大幅下调至 30％,以刺激页岩气开发活动,满足国内能源需求。
7 月 20 日	二十国集团财长和央行行长会议在莫斯科闭幕,会后发表的联合公报敦促各国审慎调整货币政策,加强与其他国家的沟通与协调。公报还说,当前促进增长和创造就业机会是各国面临的首要任务,各国将为使经济重回强劲增长道路采取果断行动。
7 月 24 日	日本财务省公布的贸易统计初步数据显示,虽然出口有所反弹,但由于日元贬值导致进口成本大增,2013 年上半年日本贸易逆差达 4.843 8 万亿日元(约合 487 亿美元),刷新 1979 年有可比数据以来的同期最高纪录。
7 月 25 日	俄罗斯联邦政府内阁会议通过一项包括扶持中小企业、激发投资活力、扩大信贷供应、改善投资环境以及扶持个别领域发展等五大措施的促增长方案。

(续表)

7月26日	乌克兰经济贸易发展部部长表示,乌克兰国际贸易跨部门委员会已于7月25日作出决定,将对原产于中国的钢丝绳和钢缆进行反倾销日落复审立案调查。
	欧元区副财长会议同意向希腊发放总计40亿欧元的救助金,预计援助金将在7月29日前发放。
7月29日	美国总统奥巴马表示,接替美联储主席伯南克的继任者需要兼顾稳通胀和促就业两项政策目标,新任美联储主席的最终人选将在未来数月内宣布。
7月30日	印度央行周二维持关键利率在7.25%不变。
	美国白宫经济顾问委员会主席阿兰·克鲁格表示,当前美国国会瘫痪的状态和正在进行的财政紧缩妨碍美国成就大事,使得美国难以在关乎长远竞争力的重要项目上进行投资。
7月31日	标准普尔公司发布的标普/凯斯席勒房价指数报告显示,2013年5月份美国大城市房价同比涨速加快,涨幅为2006年3月份以来最高,达拉斯和丹佛房价创历史最高纪录。
8月1日	英国中央银行——英格兰银行宣布,将基准利率维持在0.5%的历史低点,并保持金融资产购买计划即量化宽松规模3 750亿英镑(约合5 730亿美元)不变。
	欧洲央行召开例行货币政策会议,决定维持欧元区主导利率0.5%的历史低位不变。
8月2日	欧盟委员会宣布已正式批准中欧光伏贸易争端的"价格承诺"协议,该方案将于8月6日起实施。
	美国提高法定债务上限的最后期限8月2日即将到来,美国国会民主、共和两党之间的谈判依旧陷入僵局。假使美国债务发生违约,美元汇率将遭遇重创、市场利率将大幅走高、经济出现大幅衰退和美债国际地位消失。
8月5日	《华盛顿邮报》宣布,电商巨头亚马逊的创始人杰夫·贝索斯将以2.5亿美元现金收购陷入经营困境的该报。
	澳大利亚银行将隔夜现金利率下调25个基点至2.5%,从7日起正式生效。
8月6日	奥巴马提出美国住房融资体系改革四原则:一是私人资本应在住房抵押贷款市场发挥更大作用;二是避免纳税人再次为住房抵押贷款机构的错误买单;三是保障购房者享受30年期定息抵押贷款等融资工具;四是继续发挥联邦住房金融署的职能,帮助首次购房者和中产阶级买得起房。
8月7日	欧盟委员会说,与中方达成的"价格承诺"协议使部分中国光伏企业得以免缴反倾销税,但对中国太阳能电池及相关部件产品的反补贴调查仍将继续,最终调查结果将于2013年年底公布。
	英国央行首次推出"前瞻性货币政策指引",宣布将维持当前0.5%超低基准利率和量化宽松政策,直至英国失业率降至7%以下。
8月8日	经合组织报告显示,经合组织成员整体先行指数2012年底以来逐月上升,到2013年6月升至100.7点,表明经济增长更趋稳固。亚洲五国(中国、印度、韩国、日本、印度尼西亚)整体先行指数2013年4月至6月持平,显示经济增长正接近长期平均增速。
8月9日	美国国际贸易委员会裁定三星公司部分手机和平板电脑产品侵犯苹果公司两项专利,并将禁止这些侵权产品在美国进口和销售。这项裁决已提交美国总统和贸易代表评估。
	南非国际贸易管理委员会(ITAC)日前发布公告,对自中国进口无框镜产品(海关税则号为700991)反倾销案做出终裁,决定对涉案产品征收40.22%的反倾销税。
8月12日	希腊财政部公布数据说,2013年前七个月,希腊政府实现26亿欧元(约合35亿美元)的预算盈余,远远超过此前设定的预算目标,显示该国的减薪增税举措已现成效。

（续表）

8 月 14 日	在卢比暴跌资本外流背景下,印度储备银行宣布,印度国内企业在未经审批的情况下,可向海外投资的最大规模不能超过资产净值的 100%,而此前规定的上限为 400%;与此同时,个人汇往海外的资金限制从每年的 20 万美元削减至 7.5 万美元。
8 月 16 日	印度孟买证交所敏感 30 指数当天收盘下跌近 800 点,创下 4 年来最大跌幅。
	西班牙 10 年期国债收益率当天再度降低,风险溢价创 2011 年 7 月以来的最低值。
	美国证券交易委员会公布文件,批准洲际交易所集团收购纽约证券交易所母公司纽约泛欧证券交易集团,令这个备受市场关注的并购案距离"收官"更进一步。
8 月 19 日	日本财务省公布的初步贸易数据显示,日本 7 月贸易逆差为 1.023 9 万亿日元,同比大增 93.7%。这是日本连续 13 个月出现贸易逆差,也是 7 月单月最高逆差额。
8 月 20 日	因电脑程序出现错误,高盛集团在美股早盘交易时段出现"乌龙指",在股票期权市场挂出一批错误订单,造成当天美股早盘交易动荡。
8 月 21 日	葡萄牙成功发行总额为 10 亿欧元(约合 13.4 亿美元)的短期债券。
8 月 22 日	由于交易系统出现技术故障,美国纳斯达克交易所股票交易中断 3 个多小时,引发市场混乱和困惑。
	巴西央行宣布紧急措施,计划在年底前拿出总共 600 亿美元外汇储备,通过入市干预达到稳定汇率的目的。
8 月 23 日	微软公司宣布,已担任该公司首席执行官(CEO)十多年之久的史蒂夫·鲍尔默将在 12 个月内退休。
8 月 25 日	希腊财政部长扬尼斯·斯图纳拉斯说,希腊可能需要规模较小的第三轮金融救助,但不会接受新的紧缩措施。
8 月 27 日	中国在法国巴黎签署《多边税收征管互助公约》,中国由此成为该公约第 56 个签约方。
9 月 1 日	巴西外交官罗伯托·阿泽维多正式就任世界贸易组织第六任总干事,任期四年。他是首位来自拉丁美洲的世贸组织总干事。
9 月 2 日	英国市场研究机构马基特集团公布的数据显示,2013 年 8 月英国制造业采购经理人指数升至 57.2,创过去两年半以来新高,表明制造业活动进一步活跃。
9 月 4 日	欧盟委员会发布针对"影子银行"的监管规则提案,将在流动性标准、信息交流机制等方面设定新规,以维护金融市场稳定。
	加拿大央行(BOC)维持指标利率在 1%不变,符合市场预期;但央行表示加拿大经济全面恢复的关键因素——出口和企业投资的增长所需时间要比预期时间长。
9 月 5 日	欧洲央行宣布维持 0.5%的主要再融资利率、零隔夜存款利率和 1%的隔夜贷款利率不变,符合市场预期。
9 月 6 日	为期两天的二十国集团领导人第八次峰会在俄罗斯圣彼得堡落幕。与会各方在协调宏观经济政策、促进增长和创造就业、加强全球经济治理等方面达成重要共识。
9 月 7 日	世界贸易组织新任总干事罗伯托·阿泽维多在该组织总理事会特别会议上发表就职演说,强调随着全球经济格局发生变化,世贸组织的重要性越来越大,同时承诺推动多边贸易谈判。
	瑞士联邦议会国民院(下院)批准瑞士和美国的一项双边协议,根据该协议,瑞士将执行美国"海外账户纳税法案",该国引以为豪的银行保密传统将在美税务机构面前彻底终结。

（续表）

9月10日	标普道琼斯指数公司发布公告称,美国银行、惠普公司和美国铝业公司将于9月20日收盘后退出道琼斯工业平均指数成分股,取而代之的将是高盛、Visa和耐克公司。
	意大利统计局公布的数据显示,意大利第二季度GDP终值略低于预期,这是该数据连续8个季度出现萎缩。受到出口下滑的影响,意大利正陷入战后最长的经济萧条。
9月12日	韩国央行连续第四个月维持基准利率不变。
9月13日	美国总统奥巴马提名白宫行政管理和预算局前代理局长杰弗里·津茨出任白宫国家经济委员会主任,接替将于2014年1月离职的吉恩·斯珀林。
9月16日	美国国际贸易委员会对20多家中美企业生产的轮胎产品发起"337调查",调查涉及中国山东潍坊顺福昌橡塑有限公司、山东玲珑轮胎股份有限公司等7家中国企业,以及美国Omni贸易公司等14家美国企业和一家泰国企业。
9月17日	美国商务部作出终裁,认定中国向美国出口硬木和装饰用胶合板存在倾销和补贴行为,拟对上述产品征收反倾销和反补贴关税。
9月18日	俄罗斯经济发展部预计全年俄经济增速仅为1.8%。俄经济发展部4月份将2013年俄经济增长预期从此前的3.6%下调至2.4%,8月份又进一步下调至1.8%。
9月19日	美国最大银行摩根大通因"伦敦鲸"巨额交易亏损事件收到美英监管机构共计9.2亿美元罚款。
	受美国联邦储备委员会宣布维持现有量化宽松规模的提振,纽约商品交易所黄金期货合约价格大幅上涨,单日涨幅创2009年3月以来新高。
9月20日	中国标准化专家委员会委员、国际钢铁协会副主席张晓刚当选ISO主席。这是自1947年ISO成立以来中国人首次担任这一国际组织的最高领导职务,标志着我国在国际标准化领域取得重大突破性成果。
9月22日	在举行的德国联邦大选中,默克尔为首的基民盟(CDU)联合姊妹党基社盟获得41.8%的多数选票。
9月23日	人民币对美元汇率已三次刷新汇改以来新高,并首次突破6.15大关。与此同时,人民币的国际地位也与日俱增,2013年一跃成为全球第九大交易货币。
9月25日	中国双汇国际与美国史密斯菲尔德食品公司联合宣布收购完成,至此中国企业规模最大的赴美投资案正式收官。
9月27日	美国白宫高级官员宣布将向底特律提供约3亿美元救助,以帮助底特律尽早走出破产困境。
10月1日	美国联邦政府的2014财年已经从10月1日开始,由于美国民主、共和两党尚未解决新财年的政府预算分歧,联邦政府的非核心部门被迫关门,此次联邦政府"关门"风波将持续多久取决于两党何时能解决预算分歧。
	日本首相安倍晋三10月1日宣布,从2014年4月1日起将消费税率从现在的5%提高到8%。这将是17年来日本首次提高消费税率。
10月2日	欧洲中央银行决定将欧元区主导利率维持在0.5%的历史低位不变,并将无限期实行货币宽松政策。
10月3日	美国穆迪公司下调了对巴西主权信用的评级,从"正面"下调至"稳定"。然而,巴西中央银行行长亚历山大·通比尼对此不以为然,认为巴西经济的实际状况显然比外国机构的估计"更积极"。
10月4日	2013年亚太经合组织部长级会议在印度尼西亚巴厘岛开幕,本次会议旨在评估亚太经合组织成员经济体在打造一个更具有活力的亚太地区的进程。
	日本央行(BOJ)宣布维持利率0—0.10%不变,并将维持每年货币基础规模增加60万亿—70万亿日元。

（续表）

10 月 9 日	美国总统奥巴马(Barack Obama)正式提名现任美联储副主席耶伦(Janet Yellen)担任下届美联储主席。
10 月 10 日	中国人民银行(PBOC)发布公告称,2013 年 10 月 9 日中国人民银行与欧洲中央银行(ECB)签署了规模为 3 500 亿元人民币/450 亿欧元的中欧双边本币互换协议。
10 月 15 日	经济合作与发展组织宣布,瑞士政府当天在法国巴黎签署《多边税收征管互助公约》,成为该公约第 58 个签约方。
10 月 17 日	凌晨,美国总统奥巴马签署法案,宣告结束政府关门并上调债务上限。法案将使政府在 2014 年 1 月 15 日之前处于开门状态,并提高债务上限直至 2014 年 2 月 7 日。沸沸扬扬的美债违约危机终于在最后时刻以美国参众两院通过提高债务上限方案而暂时缓解。
10 月 22 日	新加坡金融管理局对外宣布,中国和新加坡将引入两国货币之间的直接交易,这将进一步巩固新加坡的人民币离岸交易中心地位。
	古巴政府宣布启动货币及汇率统一进程,以期改变现存的双轨制货币政策,即国民货币比索和可兑换比索并存的局面。
10 月 25 日	墨西哥央行宣布降息 25 个基点,将基准利率从 3.75% 下调至 3.5%。
10 月 26 日	捷克议会提前选举 26 日结束。最大反对党社会民主党得票最多,获得众议院 200 个席位中的 50 席,赢得优先组阁机会。
10 月 27 日	格鲁吉亚举行了独立以来的第六次总统大选,共有 23 名候选人参选。由于格宪法规定总统最多连任两届,因此于 2008 年成功连任的现任总统萨卡什维利将无缘本次选举。
10 月 29 日	"世界首台"比特币自动提款机在加拿大温哥华启用,办理加拿大元与比特币的兑换,迅速迎来排队办理业务的人群。
10 月 31 日	欧洲央行、美联储、加拿大央行、日本央行、英国央行和瑞士央行表示,金融危机期间达成的紧急流动性互换机制将转为永久性,以防未来发生金融市场动荡。
10 月 29 日	印度央行将基准利率提高到 7.75%。
11 月 1 日	国际评级机构惠誉将西班牙评级展望从负面上调至稳定,评级仍为"BBB"。
11 月 6 日	嘉实基金旗下子公司推出的嘉实沪深 300 中国 A 股基金,正式登陆美国纽约证券交易所,同时博时基金也获准在美推出相关产品。这给美国投资者间接投资 A 股市场提供了新渠道。
	美国联邦检察官近日在纽约宣布,美国对冲基金巨头 SAC 资本合伙公司已就有关内幕交易的指控认罪,并与监管机构达成支付 18 亿美元罚金的协议。
11 月 7 日	欧洲央行宣布将欧元区主导利率下调 25 个基点至 0.25%。当日,英国中央银行宣布,将基准利率维持在 0.5% 的历史低点。
11 月 8 日	国际评级机构标准普尔(Standard & Poor's)宣布下调法国主权评级由 AA+ 下调至 AA,但上调展望评级。
11 月 12 日	印尼央行宣布上调贷款利率 25 个基点至 7.50%。
11 月 19 日	西班牙财政部 19 日以较低利率发行 45.49 亿欧元国债,其中 12 个月期国债收益率降至历史最低。
	比特币火爆行情的背后却是国际金银价格的持续低迷,这似乎成为了一种新的资金流动趋势:原本流向黄金的资金开始转向被赋予"新避险天堂"重任的比特币。
11 月 20 日	美国联邦储备委员会公布的 10 月份货币政策例会纪要显示,尽管美联储决策层成员在削减量化宽松的具体时间以及国债和抵押贷款支持证券孰轻孰重等问题上意见并不完全统一,但就调整货币政策的讨论较之前更为深入,为政策转换做好铺垫的意图更为明显。

11 月 21 日	日本央行(BOJ)公布利率决议,承诺以每年 60 万亿—70 万亿日元的规模继续扩大基础货币,并维持隔夜无担保拆息利率在 0—0.1% 不变。
11 月 28 日	巴西中央银行宣布将银行间基准利率提高 50 个基点至 10%。这是巴西 2013 年连续第六次加息。
11 月 30 日	冰岛总理京勒伊格松说,政府将推出一项债务减免计划,有减免资格的家庭有望获得最高 400 万克朗(约合 3.3 万美元)的债务减免。
12 月 3 日	在最后一次听证后,位于底特律市的密歇根联邦破产法院法官史蒂芬·罗兹(Steven Rhodes)做出裁定,认为底特律市具有申请市镇破产保护的资格。这座曾经风光无限的汽车城正式宣告破产,它也成为美国历史上规模最大的破产城市。
12 月 4 日	欧盟委员会决定对参与操纵金融市场拆借利率的八家国际金融机构处以总计 17.1 亿欧元(约合 23 亿美元)的罚金,其中德意志银行被罚 7.25 亿欧元(约合 9.8 亿美元),居各银行之首。
	全球最大黄金生产商加拿大巴里克黄金公司 4 日宣布,公司创始人彼得·蒙克将不再担任董事长,由高盛公司前总裁约翰·桑顿接任。
	世界贸易组织第九次部长级会议 4 日在印度尼西亚巴厘岛通过协议,正式批准也门加入世贸组织。也门成为该组织的第 160 个成员,为 13 年入世历程画上句号。
12 月 5 日	法国央行周四对比特币相关的风险发出了警告,从而进一步彰显了各国政府对于这一不受监管的数字货币日渐增长的担忧情绪。
	日本政府批准出台 1 820 亿美元的经济刺激计划,以帮助经济摆脱通缩。
	日本政府 5 日决定在 2014 年 4 月份消费税率提高之后,推出约 5.5 万亿日元(1 日元约合 0.06 元人民币)的经济刺激计划。
12 月 7 日	世界贸易组织第九届部长级会议在印尼巴厘岛闭幕,会议达成了世贸组织历史上首份多边贸易协定——"巴厘一揽子协定",从而"挽救"了奄奄一息的多哈回合谈判。
12 月 10 日	美国证券交易委员会、美联储和联邦存款保险公司等五大机构经过表决,通过了所谓的"沃尔克规则"最终版本。这意味着,此前华尔街企图在法庭上推翻该规则的努力已告失败,华尔街将正式进入"沃尔克规则"的新时代。
12 月 11 日	包括美国联邦存款保险公司(FDIC)、美联储及美国证券交易委员会(SEC)在内的五家监管机构投票批准了此前一直饱受争议的沃尔克规则(Volckerrule)。
12 月 12 日	韩国央行宣布,将基准利率保持在 2.5% 不变。这是韩国央行 2013 年 5 月将基准利率下调 25 个基点之后,连续 7 个月保持基准利率不变,符合市场普遍预期。新西兰央行也于同日宣布,将基准利率维持在 2.5% 不变,符合市场预期。
12 月 15 日	爱尔兰将按计划正式退出欧盟及国际货币基金组织的救助计划,成为欧元区第一个退出救助计划的国家。
12 月 16 日	智利反对派联盟"新多数联盟"候选人米歇尔·巴切莱特在智利大选第二轮投票中,以 62% 的得票率击败执行联盟候选人埃韦琳·马泰,当选智利总统。
12 月 17 日	瑞典央行一年来首次降息,宣布将回购利率由 1% 降至 0.75%,以寻求推高持续低于目标的通胀率。
	默克尔领导的"黑红"大联合政府正式宣誓就职。此前一天,两大党团正式签署名为《塑造德国的未来》联合组阁协议。
12 月 18 日	印度央行宣布,为对抗通胀、巩固经济增长,央行决定维持现有基准利率 7.75% 不变。
	英国央行公布向公众征求意见结果,宣布发行塑料货币,央行计划在 2016 年首先发行印有丘吉尔头像的 5 英镑塑料货币,之后发行 10 英镑塑料货币。

（续表）

12 月 19 日	美联储宣布,从 2014 年 1 月起将每月购买 850 亿美元资产的开放式量化宽松缩减 100 亿美元。
12 月 20 日	国际评级机构标普宣布,因欧盟凝聚力渐弱且财政状况日趋恶化,将欧盟长期主权债务信用评级从原先的 AAA 调降至 AA+;维持欧盟短期主权债务信用 A-1+的评级;评级展望为稳定。
12 月 21 日	美联储意外宣布启动削减 QE 规模,每月购债量减少 100 亿美元,消息过后市场出现剧烈震动,美元明显走高。
12 月 24 日	日本政府在内阁会议上通过了 2014 年度税制改革大纲。此次改革后,2014 年度中央和地方将共减税 7 391 亿日元(约合 431 亿元人民币),包括 2015 年度以后实施的措施在内,一年减少的税收总额为 6 486 亿日元。
12 月 26 日	远在夏威夷度假的美国总统奥巴马签署 2014 和 2015 财年政府预算案,化解未来两年美国政府关门之忧,但美债违约隐患依然存在。
	美国劳工部公布的数据显示,上周美国首次申请失业救济人数在连续两周反弹后大幅下降。
12 月 27 日	美联储宣布开始逐步退出量化宽松(QE)后,美债收益率飙升最引人关注。美国 10 年期国债收益率首次收于 3% 上方,创下近两年多以来的新高。
12 月 31 日	法国最高法院批准政府提出的向高收入的个人征收 75% 收入税的法案。这一课税将持续两年,那些在 2013 年和 2014 年年薪超过一百万欧元的人们将受到影响。

二、人民币理财产品分析

本章概要

2013 年的银行理财市场,虽然经历了一些波折,但总的发展方向来说还是健康向上的。

2013 年的银行理财市场遭遇不少挑战。既有中国银监会发布《关于规范商业银行理财业务投资运作有关问题的通知》,即"8 号文"对银行理财投资非标资产进行限制,又有各种理财"宝"的围追堵截,还有大打高收益率大旗的与互联网相结合的货币基金类理财产品的强势入场,银行理财产品遭遇到最强的竞争对手。不过,银行遇到最大挑战还是利率市场化。随着贷款利率全面放开、同业存单的发行等利率市场化具体措施的推进,市场利率上涨使得银行募集理财资金的成本大大提高,银行理财市场竞争加剧。

虽然银行理财迎来了多个竞争对手,但这些都没有影响到银行理财继续稳居财富管理"江湖老大"的地位。

2013 年的银行理财市场,总结下来大概有以下几个特点:一是理财产品总量突飞猛进;二是产品收益率前降后升;三是结构理财产品比重增加;四是银行产品发行渠道日趋多样化;五是竞争对手日益增多。

(一) 人民币理财产品发行量再现爆发式增长

如果要把 2013 年的银行理财市场用一个词来概括的话,那就是"火爆"。不但理财产品的发行数量突飞猛进,产品收益率也是"节节高升"。据第一理财网理财产品库不完全统计,截至 2013 年 12 月 31 日,各银行机构共发行了 42 736 款人民币理财产品,与 2012 年的 29 879 款(此数据为所有商业银行理财产品的统计)相比,增加了 12 857 款,增长幅度为 43.03％。

从 2013 年人民币理财产品月度发行量图中可以看到,2013 年 2 月份产品发行的量为全年最低值,只有 2 453 款。即使是全年最低值,也比 2012 年 11 月份的最高值多出了 112 款。这也比较符合 2012 年底到 2013 年初的理财市场特点,虽然有 1 月份银行理财产品的开门红,但是由于产品收益的持续走低,再加上理财乱象的集中爆发,多家银行被曝出私售事件,而销售环节中诸如搭售、隐瞒产品风险等其他违规现象也屡禁不止。受此影响,银行理财产品的发行在一季度多多少少都受到一定的影响。

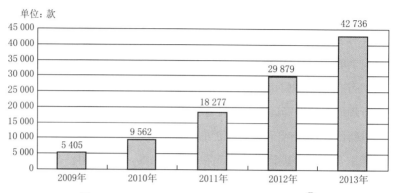

图 2-1　2009—2013 年人民币理财产品发行量比较①

　　3月底时中国银监会下发的8号文中12项颇具量化的条款直接剑指银行理财业务,使得二季度开始时的银行理财产品的发行量有所下降。5月下旬,在银行多种政策因素叠加之下,部分银行出现资金紧张现象,甚至在5月20日,因部分银行缺钱告急,银行间市场人民币交易系统收盘曾特意延后了20分钟。在6月初,某两家股份制银行的"违约门"事件就已在业内盛传。为了缓解钱荒现象,银行最直接的办法就是增加理财产品的发行量,这也是6月份银行理财产品量增加的一个直接因素。进入三季度以后,由于钱荒的影响并没有散去,各商业银行因害怕资金紧张而紧绷的弦并没有因为季末考核的结束而放松,自此理财产品的发行迎来了一个持续增长期。等到12月份时,由于年末考核压力的增加,在多种因素下6月份钱荒的各种现象再次上演,导致理财产品的发行量再次冲高,以致达到2013年全年的顶峰值,发行数量高达 4 413 款。

　　将主要国有银行的理财产品发行量进行比较,可以发现中、农、工、建、交等五大银行中,理财产品的发行量增幅也各不相同。2013年增幅位居第一的是交通银行,增幅为151.02%。建设银行近两年来的理财产品发行量大幅增加,2012年的增幅达到133.68%,2013年较2012年增了 2 360 款,增幅为96.64%,并没有保住2013年的产品增量第一的位置。增幅最小的还是农业银行,增量为317款,增幅为30.13%。

---

　　①　如无特殊说明,本书图表数据来源为第一理财网(www.Amoney.com.cn),数据截止日期为2013年12月31日。

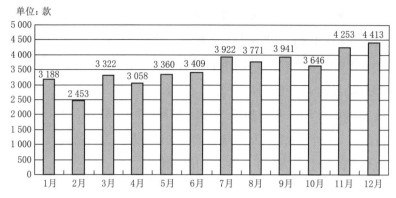

图 2-2　2013 年人民币理财产品月度发行量

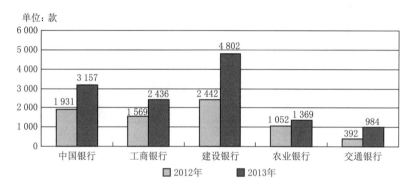

图 2-3　2012—2013 年五大行人民币理财产品发行量比较

在其他主要的商业银行中，2013 年人民币理财产品的发行量增减不一。在我们选取的这 9 家商业银行中，除了光大银行的产品发行量呈负增长之外，其他 8 家银行的产品发行量都有所增加。其中发行量位居首位的是广发银行，为 2 263 款；其次为平安银行，发行量为 2 077 款；再次为招商银行 1 962 款。但增长最快的是民生银行，增长幅度为 138.28%；其次为广发银行，增幅为 106.67%；兴业银行增幅为 89.13%，位居第三。

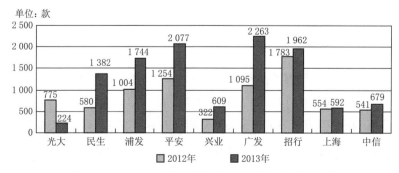

图 2-4　2012—2013 年部分商业银行人民币理财产品发行量

在第一理财网监测的六家主要外资银行中,2013 年人民币理财产品的发行量仍延续前两年涨跌互现的格局。据第一理财网理财产品库不完全统计,2013 年人民币理财产品发行量最多的外资银行是汇丰银行,全年共发行理财产品 134 款,较 2013 年的 113 款增加了 21 款。位于第二的是恒生银行,产品发行量 131 款,较 2012 年增加了 34 款。星展银行以 82 款的发行量位居第三。其余的 3 家外资银行人民币理财产品的发行量均为负增长,其中发行量最少的是花旗银行,只发行了 1 款人民币理财产品。

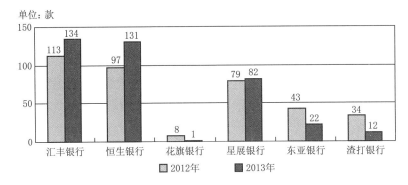

图 2-5   2012—2013 年部分外资银行人民币理财产品发行量

(二) 理财产品期限仍以短期为主

一直以来,短期理财产品是银行发行理财产品的重头,抛开收益率不谈,作为流动性较强的产品,对于普通投资者来说是一个不错的选择。因此,2013 年的人民币理财产品中,3 个月以下期限的产品仍是银行发行的主力军。但是由于银行监管的加强,1 个月以下期限的超短期理财产品发行份额有所降低。

据第一理财网理财产品库不完全统计,2013 年度的人民币理财产品中,虽然 3 个月以下期限的理财产品的市场份额和 2012 年相比基本持平,继续保持在 65% 左右,但是 1 个月以下的超短期理财产品占比有所下降,从 2012 年的 6% 左右降到了 4.14%。这一变化除了受 2011 年 9 月银行监管政策的影响外,也和 2013 年度银行业务重点的调整有关。

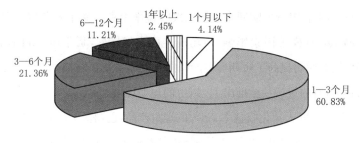

图 2-6 **2013 年人民币理财产品投资期限分布**

银行理财产品的收益率趋势总体来讲是先抑后扬。年初本是银行揽储的旺季,但 2013 年各家银行旺季不旺,揽储难度和压力剧增,所以只能依托理财产品的发行量和收益率回升来吸引客户。但是在 3 月份季末收尾时,就有部分银行推出高收益理财产品,有的产品收益率甚至超过了 6%。

由于 2012 年央行先后三次调低存款准备金率,并两次下调存贷款基准利率,银行理财产品的收益率一路走低。资金面的宽松一直延续到 2013 年 6 月20 日前,与之走势相同的是银行理财产品的预期收益率,1—5 月份银行非结构型理财产品平均预期收益率分别为 4.41%、4.38%、4.35%、4.28%、4.24%,呈现一路向下的态势。

雪上加霜的是,3 月中国银监会意外下发《关于规范商业银行理财业务投资运作有关问题的通知》("8 号文"),要求商业银行实现每个理财产品与所投资资产的对应,并对投资非标准债权类资产的比例作了明确限制规定,同样令理财产品收益率受到重创。当时市场普遍预期,银行理财收益率处于弱势之中,投资者买到高收益产品的机会越来越少。

6 月银行迎来半年考,理财产品收益率走高已成为市场预期。然而,6 月20 日开始的资金面紧张席卷银行间市场,则出乎大众意料。当天,银行间隔夜回购利率最高达到史无前例的 30%,7 天回购利率最高达到 28%,在近年来很长时间里,这两项利率往往不到 3%。

市场流动性的突然紧张引发了银行理财产品收益率的上涨,月底高收益产品频频出现。6 月商业银行平均预期收益率飙升 46 基点至 4.7%,远超2013 年 12 月 4.51% 的最高平均水平。

2013 年下半年,在央行保持稳健的货币政策的背景下,银行产品开始"量价齐升",有统计数据显示,6—12 月银行非结构型理财产品平均预期收益率分别为 4.70%、4.70%、4.68%、4.95%、4.97%、5.14% 和 5.52%。

2013 年年底银行理财迎来了第二次收益率上涨。受年末考核时点临近、美国削减 QE 规模等因素影响,市场资金面突然转紧,货币市场利率全线大涨。多数银行纷纷提高了短期理财产品的预期收益率,5%、6%的高收益理财品越来越多,有的银行甚至推出 7%以上的短期理财产品。如兴业银行在 12月 24 日发行一款 96 天年化收益率 7.6%的理财产品,也刷新了自 6 月末以来的短期理财产品收益率记录,12 月最后一周更是有近半数理财产品收益率达 6%。

表 2-1 2013 年 12 月部分银行高收益理财产品

产品名称	投资期限	预期收益	发行机构
平安财富结构类(100%保本挂钩股票)资产管理类 2013 年 156 期	367 天	8.0%	平安银行
聚宝财富 2013 年尊享 52 号	179 天	7.1%	江苏银行
金石榴创赢 131205M3 号	90 天	7.0%	苏州银行
"幸福 99"丰裕赢家 KF02 号第 325 期	91 天	6.8%	杭州银行
招银金宝之鼎鼎成金 135 号	70 天	6.8%	招商银行
"聚金"46 号(A10135)	35 天	6.5%	南京银行
"工银财富"组合投资型(CFXT1911)	56 天	6.5%	工商银行
"非凡资产管理季增盈"第 109 期电子银行专属 02	42 天	6.45%	民生银行
凤凰花理财产品 1301186	50 天	6.2%	厦门银行
阳光理财 T 计划 176—186 天	186 天	6.16%	光大银行

对此现象,业内人士分析认为,央行仍然坚持稳健的货币政策,2014 年流动性很可能持续承压,银行理财产品的平均预期收益率有望继续高位运行,收益率仍能维持在 4.5%以上,投资者保持较高比例的资产配置在银行理财产品上将是一个比较稳妥的选择。

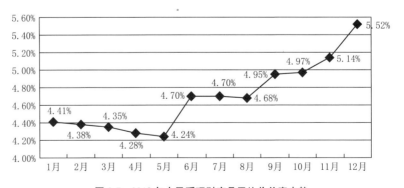

图 2-7 2013 年人民币理财产品平均收益率走势

（三）银行理财市场变化多

除了理财产品发行量和收益的变化外，2013 年的银行理财市场，还发生了很多变化，如产品类型的变化、销售渠道方式的多样化和大资管时代。

1. 专属理财产品添新军

自第一款夜市理财产品上市以来，理财夜市、理财早市、网银专享、高资产客户专享、手机专享等专属理财产品也如雨后春笋般冒了出来。这些都表明银行已经不再满足单一的柜台业务，而逐步发展更广阔的网络渠道。2013 年银行理财在投资渠道的开拓上并没有停下步伐，除了延续以前的各类专属产品外，也推出了更多的专属理财产品。

2013 年年初，招商银行率先推出一项被网友调侃为已婚男人的噩梦的"工资自动上交"新服务，由于微博的疯狂转发被大众所知悉。此项业务可以给老公的银行卡设个存款上限，比如 1 000 元，从此老公卡上的资金只要超过 1 000 元，超过的部分就一分不留地自动划到老婆的银行卡上，不仅不需要每月转账，而且免费转。其实所谓的资金归集只是超级网银的功能之一，意在让散碎银子化零为整，可以把在不同银行账户犄角旮旯上的零钱都"收纳"起来，跨行整合到一个账户上。只是有银行在此基础上突出了"自动"的概念，如定时、定额。到目前为止，推出此项自动归集业务的银行已经有 10 多家。

银行资金的自动归集势必会造成银行存款的上升或其他相应银行的存款流失，为了保住流入自己口袋的钱不再被抢走，专门针对此类客户推出了相对应的专属理财产品——资金归集客户专享理财产品，如广发银行的多款"薪满益足资金归集专属版系列理财产品"，光大银行的资金归集专属高收益理财产品自 4 月份推出以后，更是因其收益率较高、期限适中、购买便捷，获得投资者的广泛好评。

除了大力拉来别家银行的存款外，银行也把目光瞄准了本来就在自己口袋里的那些固定客户——代发工资客户，推出了代发工资客户专享理财产品，如招商银行的代发工资专享—招银进宝之点贷成金理财产品。

表 2-2   2013 年部分银行专属理财产品

发行机构	产品名称
光大银行	专属定向产品—T 计划定向
广发银行	薪满益足资金归集专属版系列理财产品
交通银行	代发工资客户最红星期五专享理财产品
交通银行	得利宝交银添利薪享理财产品
招商银行	代发工资专享—招银进宝之点贷成金理财产品

2. 结构性理财产品加速发行

结构性理财产品是从 2002 年开始在国内理财市场上出现的,虽然产品风险较高,但较一般产品高出许多的收益也是投资者青睐的主要原因。但在产品发展的同时,理财市场上也不时曝出投资者大幅亏损甚至血本无归的消息,在 2012 年时此类新闻更是集中爆发,在 2013 年初,也有一些银行时不时曝出投资者因投资大幅亏损而状告银行的负面消息,这其中不乏大型商业银行的身影。但这些因素都没有影响到银行发行理财产品的步伐,结构性理财产品发展势头依旧迅猛。

2013 年结构性理财产品在产品设计上发生了一些明显的变化:首先,部分外资银行针对国内投资者风险偏好不高的特点,在设计产品时也已经更为注重风险的控制,保本机制明显增加,其所发行的结构性产品中接近 90% 均设计为保本型,产品投资期限明显缩短。其次,在产品结构设计方面,投资者获得潜在收益率的条件更容易达到,例如恒生银行的"步步稳"系列投资产品,挂钩交易所交易基金,跟踪大盘指数走势,只要一年中每个观察日,最差表现的挂钩标的下跌幅度不要超过 30%,投资者就可以获得潜在回报,帮助投资者在回避非系统性个股风险的同时,在不同的市场走势中获利。由此可以看出,外资银行在竞争激烈的理财市场上为保持结构化产品设计优势,将资产配置效能发挥得淋漓尽致。

虽然外资行仍是发行结构性理财产品的绝对主力,但中资银行也正发力跟进。正是看到结构性产品的优势及未来的发展前景,中资银行发行结构性产品的步伐上明显加快,以期抢占这一外资银行的传统地盘。在 2013 年一季度时,中资银行共发行结构性产品 170 款,这一数据已经接近 2011 年全年发行量。而 11 月份的相关数据显示,中资银行结构性产品的占比由 2012 年的 28.86% 上升为 2013 年以来的 44.81%,逆转了外资银行占主力的市场格局。一些开展理财业务相对较晚的城商行也开始涉足结构性产品,如杭州银行和湖北银行,均已发行了结构性理财产品。

对于中资银行发行结构性产品数量的大幅提升,有业内人士表示,随着国内利率市场的不断推进,结构性理财产品将是银行理财产品未来发展的方向之一,中资银行显然不能放弃这块阵地。此外,该类产品的高预期收益率,也足以吸引更多的投资者购买。一方想维持传统优势,一方则觊觎已久攻势强劲,可以预见,未来中资银行在结构性理财产品市场中也将与外资银行展开一场激烈的争夺战。

2013 年的结构性理财产品中除了往年的挂钩汇率、商品、黄金等标的外,还出现了一类新标的,那就是奢侈品。经历了长时间不景气的阴霾后,2013 年欧债危机终现曙光,由于欧洲经济开始复苏,奢侈品板块将随之走强。不少外资银行瞅准先机,适时推出挂钩奢侈品行业的理财产品,通过推出 QDII(代客境外理财产品)或挂钩欧洲股票的结构性产品,来满足国内投资者参与海外市场投资的需求。例如汇丰银行的"汇享天下两年期人民币结构性投资产品(2013 年第 106 期)",挂钩三只奢侈品行业股票,分别为普拉达公司(Prada)、蔻驰公司(Coach)及瑞士历峰集团,产品期限为 2 年,预期最高收益率为 6.30%。还有法兴银行的一款挂钩奢侈品的法兴全球财富效应指数(美元)理财产品,投资门槛为 20 万元人民币或 4 万美元。在产品封闭 20 天后,投资者可在每周二申请提前赎回。收益情况取决于基金的表现。

针对奢侈品类理财产品,业内人士指出,奢侈品投资是一个增长潜力巨大的领域,而奢侈品投资在国内也才刚刚起步,不少外资银行正是抓住了这一有利时机,大力推出奢侈品理财。对于投资者而言,因为奢侈品投资有风险,其价格在国际市场中波动频繁,所以普通消费者最好不要轻易投入其中。普通消费者即使要投资,也可以选择跟物价挂钩的一些产品,比如中短期外资行奢侈品理财或者投资中短期银行理财产品变现渠道多且方便,不至于带来太大的风险。

3. 银行理财迎来资管时代

要说 2013 年银行理财市场上最大创新是什么,那无疑要数银行理财资管计划试点的开展。10 月 8 日，中国银监会宣布推出一个名为"银行资产管理计划"的银行理财试点新方案，将投资于新设计的"债权直接融资工具（DDFI）"，此类产品就是被业内认为是承载了银行理财回归代客理财本质希望的资产管理产品。包括工行、建行、招行、交行、中信银行、民生银行、兴业银行、浦发银行、光大银行、平安银行在内的 11 家银行获批发行此类产品。

所谓银行资产管理计划，本质是完全风险隔离、单独核算的银行理财产品，实现了银行理财向真正的代客理财转变，让投资者有了更多的选择。从已经试点发行的理财产品来看，与以往的理财产品相比，资管产品既不保障本金，也不提供收益承诺，产品收益将由投资对象的市场表现来决定；投资门槛也不低。例如工商银行 10 月 16 日推出了理财市场上第一款资产管理计划试点产品——"工行超高净值客户'多享优势'系列产品—理财管理计划 A 款"的产品，认购起点 10 万元，高于普通理财产品的 5 万元，且仅面向超高净值个人客户。而兴业银行、交通银行、浦发银行推出的理财管理计划均主要面向稳健型、平衡型、成长型、进取型的全体个人客户。

截至 2013 年年底，已经有工商银行、浦发银行、交通银行、兴业银行、光大银行、民生银行和农业银行在内的 7 家银行推出了理财管理计划，产品均采用净值型、定期开放申购赎回，其运作模式有利于打破刚性兑付问题。但是遗憾的是，理财管理计划有点生不逢时，由于年末银行理财收益率大幅上涨，平均收益率仅有 5.2% 左右的理财管理计划被年末遍地开花的高收益理财产品所淹没。

银行资管计划的试点，在给银行提供了更多发展机会的同时，对银行的投资理财能力也是极大考验。而理财产品发行能力较弱的中小型银行虽然没有资格发行此类产品，但也不甘示弱地打起了擦边球，纷纷发行了一些投资于某些资管产品的理财产品，如桂林银行发行的"漓江理财"2013-19 期人民币 351天产品，募集资金投资方向为桂林银行和中信证券股份有限公司开发的资产管理计划，产品类型为保本浮动收益型，预期最高年化收益率为 6.00%。北京银行业也有相类似的产品发行。

商业银行的资管产品还是刚刚开始，其结果如何现在还很难说。当前的问题就有两个：一是非保本保收益，没了预期收益率，投资者究竟有多大兴趣？二是商业银行的资产管理产品相当于在扮演两个相互独立的角色，类似投行与自营部门关系。一边是发起管理人，发起设立以单一企业的直接融资为资金投向的理财直接融资工具,并负责工具的发行、资金运作、信息披露等事务管理。另一边是投资者,设立理财管理计划向公众募集资金,用以在一级市场认购标准化的理财直接融资工具份额,或在二级市场直接购买交易理财直接融资工具份额。换句话说,就是直接进入了银行间债券市场和企业债券市场。

这些当然是有利于银行间利率的平稳。过去理财产品在季末集中到期,一定程度上增加了季末同业市场利率的紧张。通过直接融资工具筹集长期资金,季末同业利率飙升的现象可以稍微缓解。可是,这一直接融资工具影响下的债券市场如何与目前央行监管下的债券市场协调,还需要中国银监会与央行在以后的实践中共同探索、逐步总结。

(四) 银行迎来互联网理财产品新挑战

2013 年对于银行理财而言也是近几年来面临冲击最多的一年——不仅有趋严的内部监管压力,更有互联网金融这一新生力量来争抢"地盘"。"银行不改变,我就来改变银行。"马云的这句话让银行感受到了前所未有的压力。

6 月 13 日,支付宝宣布余额宝正式上线。自此,草根理财拉开了大幕。此后百度、腾讯、新浪等互联网巨头纷纷跨界进入金融行业,理财市场上出现活期宝、易付宝、百度"百发"等理财产品,一经推出无一不成为舆论关注的热点。

而 6 天即突破 100 万的用户数也充分说明了余额宝的成功。10 月 28 日,百度金融首款理财产品"百发"上线,在 4 个多小时内,认购金额超过 10 亿元,参与购买用户超过 12 万户。由此可见,互联网企业拥有非常广泛的客户基础,并且完全掌握客户的交易行为数据,而这些都是传统金融机构所最为欠缺的。

互联网金融凭借广泛的客户基础、低认购起始金额、存取方便如活期存款、没有前后端手续费、投资于银行间货币市场等共同特征,让用户在享受着相当于一年期存款利率的低风险收益的同时,还能享受到如银行活期存款般的便利。对于在聊胜于无的收益中度过悠长岁月的活期存款持有人,年化收益率不断高企的互联网金融产品尤显诱人。"早起看收益,快乐一整天",是普通投资者对互联网理财产品的切身体验。

面对互联网理财产品的强势,银行虽然也进行过各种形式的抗争,但一直没有在电子商务中占有一席之地。手机银行、微信等 2013 年中火热的网络营销渠道都被银行广泛应用,但银行理财产品真正意义上的"触网"却一直没有实质性的行动,只有个别银行做了个初步的试探,就又缩回了"触角"。例如广发银行曾趁"双十一"的网购狂欢节之际,推出的淘宝网上营业厅在节前低调上线,并挂出四款在 11 月 11 日发行的"高富帅系列 1 号"、"白富美系列 1 号"以及"土豪金系列 2 号"等高收益理财产品,预期年化收益率最高达到 7.0%。但由于某些未知的原因,开门仅 4 天的广发网上营业厅在 11 月 8 日就从淘宝网消失了,理财产品信息也没了踪影。银行理财触网只是昙花一现,并没有真正完成。

尽管绝大多数银行并没有真正意义上进入互联网销售理财产品,但也不愿错过网购狂欢的热潮,就打起"擦边球"。例如,浙商银行在"双十一"期间推出了一款"双十一"特别款理财产品。该款产品的预期收益最高为 6.25%,但在产品的设计上也同以往的产品没有什么不同,只是投资期限有所延长,资金门槛也从往常的 10 万元上升到了 20 万元。

表 2-3   银行理财产品与互联网理财产品特征比较一览

	银行理财产品	互联网理财产品
流动性	具有一定的投资期限,流动性不高	流动性极强,可以做 T+0 交易
投资收益	目前市场主流品种(1—3月期,3—6月期)的年化收益率处于 4%—5% 的水平区间,部分挂钩类结构性理财产品的收益或更高(但风险也相对较大)	目前 7 日年化收益率在 4% 以上,相比银行理财产品,收益波动性较大,在市场的极端情况下,基金净值也可能出现较大的偏离
投资风险	大部分货币债券类银行理财产品的风险相对较低,部分产品本金有保障,属于稳健型产品(结构性产品的投资风险高,有零收益或负收益风险)	其投资特性决定投资者在享受互联网理财便捷性的同时,也面临着额外的网络安全风险
投资门槛	投资门槛较高,起点金额 5 万元	投资门槛低,最低 1 元起投
适合人群	风险承受力相对较低的中老年投资者	风险偏好较高、熟练运用互联网工具,且对资金流动性要求高的偏年轻投资者群体
其他功能	仅具有投资属性	投资属性外,还具有账户内资产充值、网购支付、信用还款、转账等多种应用功能

从另一方面看,互联网理财产品的出现,对收益率的走高也起了一定的推动作用。在平常时间,银行理财产品就必须要面对较高收益的网络保险理财

产品和各类现金理财工具的夹击。到了年末由于资金紧张等原因,银行之间的竞争本身就很激烈,当商业银行正为冲时点考核揽储焦头烂额时,多家互联网巨头联手基金公司再次加入"抢钱"队伍,发行的理财产品收益率不断创新高,如12月23日百度联手嘉实基金正式发售了年收益率高达8%的"百度百发"理财计划,紧接着12月25日网易推出一款年收益率高达10%的"添金"理财计划,此产品上线80分钟内,5亿元份额便售罄的销售速度让商业银行望尘莫及。在多重夹击之下,银行业只能用高收益理财产品作为揽储利器,短期理财产品的预期收益率是屡创新高。比如招商银行年底发行的招银进宝鼎鼎成金系列产品,预期收益率最高可达6.8%。光大银行、汉口银行等发行的理财产品平均预期收益率均高于6.5%,有的高达6.9%。重庆银行和兴业银行发行的数款非保本型浮动收益产品,预期年收益率更突破7%。

互联网金融和银行理财业务相比较,互联网金融创新的最大红利之一是让金融更加贴近广大中小投资者,更加重视客户的金融需求。互联网金融带来的思维则是以用户为中心,直击关键需求,高度重视客户体验,与此相关的一切创新均围绕客户满意而展开。

尤其是在监管趋严、金融脱媒、利率市场化的大背景下,商业银行理财产品及服务必须要加大创新力度,尤其是在信贷、票据类等传统占比较大的产品受限之后,如何做到贴近市场、贴近客户成为了银行业不得不思考的问题。除理财产品的创新外,理财业务模式、组织架构以及激励机制的改革都是未来银行理财业务谋求更广大发展空间所不能回避的问题。

商业银行理财业务必须要紧紧围绕客户需求做功课,树立代客理财的明确市场定位,重视客户体验,重视客户互动,重视客户反馈。通过科技手段、网络手段不断推动理财业务发展,实现由理财产品销售向综合理财服务的转变,为金融消费者提供涵盖风险承受能力、财务现状、资产配置和理财目标等多方面的需求调研和分析,最终实现为客户提供一揽子、全方位、一站式的金融服务解决方案。

互联网金融最大的特点就在于理财产品的标准化、简单化,换言之,它仅仅可以满足特定客户群的理财需求。而商业银行在此时需要做两件事,第一件就是实现理财产品的标准化和传统机构的电商化,另外一件事情就是要实现理财业务的个性化、定制化。这也是当前银行理财业务变革的两个主要方向。一方面商业银行要更加重视市场细分,重视之前被忽视客户群体的理财需求,将简单、标准的理财产品和服务放到线上去销售,线下要做好智力支持和信息反馈,加速线上线下相互融合。另一方面,商业银行要重视高端客户的理财业务的个性化、定制化需求,因为对于这部分银行的存量客户,他们的个体资金量庞大,利润贡献度高,高端客户的理财需求往往是不能通过标准化的理财产品就可以满足的,他们也更加倾向于金融机构提供的专业理财服务,因此需要商业银行不断完善自身在财富管理和风险控制方面的能力,以客户视角设计金融产品和提供金融服务。

随着网络和智能电话的普及,网络理财、移动理财已是大势所趋,传统银行和互联网巨头站终将站在同一起跑线上,最终比拼的也将是网络安全、风险控制和网络、移动理财的用户体验等。

三、外汇理财产品分析

本章概要

（一）外汇理财产品发行继续回落

（二）外汇理财产品收益率前降后升

（三）外汇理财产品或将难以为继

　　2013 年的外汇理财产品的发展可以说是 2012 年外汇理财产品的延续，不仅产品的发行数量继续缩减，产品的收益率也是一路下滑，有的币种的预期收益率甚至已经到了 0.1％。外汇理财产品对于投资者来说已经成为"鸡肋"。

　　近年来，为提振经济，全球多国央行开始一轮新的降息潮，在日本、欧元区、澳大利亚和韩国等发达经济体降息的同时，巴西、印度、越南等新兴经济体也纷纷下调基准利率，而且这股降息潮在 2013 年的 4、5 月份有愈演愈烈的趋势。这使得投资者开始担忧银行发行的外币理财产品的收益可能出现下滑，其持有的外币资产价值将会缩水。

　　随着近年来人民币升值和国际化的推进，银行所发行的人民币理财产品在数量上已经占了绝对主导地位，与此同时，外币理财产品数量和占比都逐年下滑。

（一）外汇理财产品发行继续回落

　　外汇理财产品与人民币理财产品相比，一直是银行理财市场的配角，2013年外汇理财产品的境遇更不乐观，不但发行量持续萎缩，产品预期收益率也是毫无亮点可言，投资外汇理财产品，在面对超低收益率的同时，还要承担汇率损失的风险。

　　2013 年，外汇理财产品急剧下滑。其主要原因在于：一是近年来人民币一直升值，这就要求外币理财产品的收益要覆盖对人民币贬值带来的损失，因此对外币理财产品收益要求较高，使得外币产品吸引力下降；二是在人民币升值的背景下，企业和个人倾向于结汇，不愿意持有外币；三是近年来国内理财产品市场发展比较快，比如近期推出的银行资产管理产品等，导致人民币理财产品迅猛发展。

1. 外汇理财产品量继续萎缩

据第一理财网理财产品库不完全统计,2013 年国内主要中外资银行累计发行各类外汇理财产品共 1 645 款,较 2012 年的 2 472 款减少了 827 款,缩减幅度高达 33.45%。

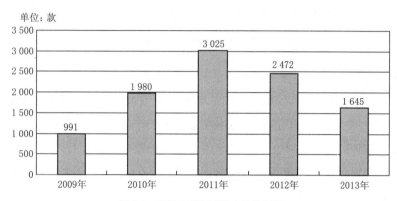

图 3-1 **2013 年外汇理财产品发行量**

从近 5 年来的外汇理财产品发行趋势来看,由于受到全球经济复苏艰难的影响,各国央行不得不连续推出宽松政策,各国的基准利率也是逐步走低。2013 年,多个国家的央行也是在不断调整利率水平,有的国家甚至在一年内连续四、五次降息,受各国利率水平的直接影响,外汇理财产品的预期收益率也是一直下滑,对手持外汇的投资者而言进一步失去了吸引力。

从月度分布上看,2013 年的外汇理财产品整体呈下滑的趋势,1 月份外汇理财产品发行量最高,有 203 款,此后基本上是逐月下滑,9 月份发行量为全年度最低,只有 100 款。如果按季度来看,也可以看出,每个季度的各个月份中外汇理财产品的发行量都在下滑,只有在每个季度的第一个月外汇理财产品的发行量才会有个小幅度的上升,但都不会超过上一季度的最高发行量。

从外汇理财产品的币种分布来看,2013 年各币种理财产品的发行量都呈下降态势。拿作为国际第一流通货币的美元来讲,2013 年美元理财产品仍占外汇理财产品的主导地位。据第一理财网理财产品库不完全统计,2013 年的美元理财产品的发行量占全部外汇理财产品的 41.40%,总发行量为 681 款,较 2012 年的 875 款减少了 194 款;排名第二高的外汇产品则被港元摘得,其

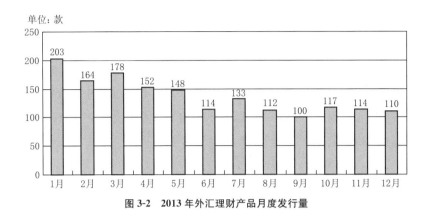

图 3-2 2013 年外汇理财产品月度发行量

全年发行量为 364 款;澳元理财产品从 2012 年的第二位被挤到了第三的位置,全年发行量为 344 款,较 2012 年的 543 款减少了 199 款,降幅高达 36.65%。产生这种变化的根本原因在于 2013 年澳元利率的逐步降低,澳元兑美元累计跌幅已经超过 16%,澳元兑人民币的跌幅则超过 17%。那点看似较高的理财收益率,在汇率损失面前就显得比较苍白了。到年底时,有的银行甚至停发了澳元理财产品。

此外,欧元理财产品和其他外汇理财产品的发行量也是同步下降,其中欧元理财产品甚至在部分银行的外汇理财产品中绝迹。

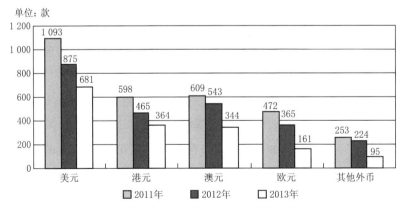

图 3-3 2011—2013 年外汇理财产品发行量比较

2. 中资银行继续垄断外汇理财产品发行

从发行主体上来看,在 2013 年外汇理财产品发行量继续下滑的总体趋势下,中资银行外汇理财产品的发行仍呈垄断格局,其中五大行外汇理财产品的发行量占据了整个外汇理财产品发行量的57%。从个体分布上看,招商银行的发行量一跃而上,总体发行量为332款,成为2013年外汇理财产品的发行量冠军;交通银行则被挤到了第二的位置,发行量为290款,和2012年753款的超高发行量相比,发行降幅接近200%。排在第三至第五位的分别为邮储银行、光大银行和建设银行,发行量分别为121款、111款和105款。除此五大银行之外,其他银行外汇理财产品的发行占总发行量的42.62%。多家国有大行和股份制银行的外币理财产品几乎都处于停发或半停发状态。

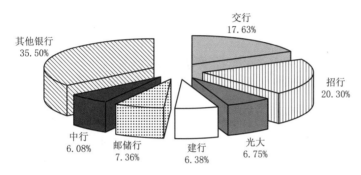

图3-4　2013年主要银行外汇理财产品发行占比

3. 外资银行外汇理财产品几不见踪影

2013年,不仅中资银行的外汇理财产品发行量有所调整,外资银行的外汇理财产品也是发生了很大的变化。众所周知,外资银行的理财产品多数为挂钩利率、商品、股票等结构性理财产品,但由于国际经济形势的不断恶化,各国央行不断调整利率政策,外资银行业不得不调整外汇理财产品的投资方向,逐步减少结构型理财产品的发行。监测统计的几家在国内业务发展比较迅速的外资银行,其外汇理财产品发行量明显萎缩。其中,恒生银行外汇理财产品的发行量从2012年的49款直接降为2013年的0款。另外,渣打银行和花旗银行也都没有外汇产品发行。而2011—2012年外汇产品发行量稳居高位的汇丰银行在2013年的外汇理财产品发行量也只有7款;星展银行则以27款的发行量位居外资银行中的首位。

单位：款

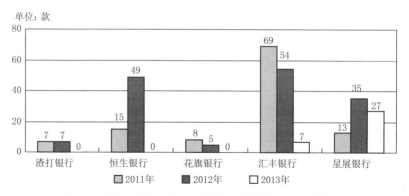

图 3-5 2011—2012 年部分外资银行外汇理财产品发行量比较

（二）外汇理财产品收益率前降后升

2013 年的外汇理财产品不但是产品数量的萎缩，预期收益率水平也是不容乐观。从 2013 年各主要币种外币理财产品预期收益率走势来看，只有美元和欧元产品预期收益率有明显上涨，澳元和港元产品预期收益率基本上维持震荡。其中，美元产品平均预期年化收益率从年初的 1.4% 左右上升到 11 月末的 2.7% 左右，澳元虽然收益率相对较高，但平均年收益率也只能维持在 3% 附近，再难看到 5% 以上的收益情况。

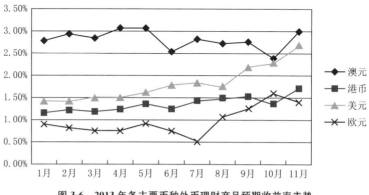

图 3-6 2013 年各主要币种外币理财产品预期收益率走势

其实，外汇理财产品收益率的下降并不是从 2013 年才出现的，早在 2012 年下半年开始，随着欧元区债务危机进一步恶化的消息传开，全球金融市场受到冲击,为提振经济,全球多国央行开始一轮新的降息潮,在日本、欧元区、澳大利亚和韩国等发达经济体降息的同时,巴西、印度、越南等新兴经济体也纷纷下调基准利率,各银行发行的外币产品整体收益率就已经开始走下坡路了,其中要数欧元理财产品下跌得最厉害。一些银行甚至停止销售挂钩欧元汇率的结构型理财产品以及欧元理财产品。这一现象也被延续到了2013年,短期欧元理财产品的预期收益率最低时甚至跌到了0.1%—0.2%左右。

这股降息潮在2013年的4、5月份愈演愈烈。外汇理财产品收益率下降虽然没有同步及时体现出来,但是在2013年的6月、7月之间,随着澳大利亚、韩国等不少国家相继降息,再加上外汇中间价的走高、人民币对美元不断升值,澳元、美元等银行理财产品收益率开始大幅"跳水"。一款澳元理财产品的投资期限为一周,预期年化收益率只有1.3%,而同样这款产品在年初的时候,收益率还有3%左右,2012年同期则超过4%,收益率下降明显。从2012年5月到2013年5月近一年时间里,澳元理财产品的平均预期收益率从5.15%下滑到3.17%,降幅高达38.4%。其他币种如港元、日元、英镑等理财产品平均收益率也有不同幅度的下降,有的跌幅甚至达到200个基点以上。英镑和日元理财产品也从理财市场上没了踪迹。

各大央行降息节奏和其对应项币种的理财产品收益率变化不一致的原因,业内人士对此的解释是主要与理财产品的资金运作的方式有关。目前国内商业银行发行的外汇理财产品,除QDII产品外,理财资金的投向也主要在国内金融市场上。例如招商银行"安心回报"系列外币理财产品的资金投向为国内外金融市场信用级别较高、流动性较好的金融资产,包括但不限于债券、资金拆借、信托计划、银行存款等其他金融资产;中国银行"自动滚续"系列外币理财产品的资金投资于在国内银行间债券市场上流通的国债、央行票据、国开债、进出口行债券和农发债等公开评级在投资级以上的金融产品,以及同业拆放、债券回购等货币市场工具;建设银行"汇得赢"系列外币产品的资金投资于国内银行间外汇掉期市场,银行间债券市场各类债券、回购、同业存款等,以及其他监管机构允许交易的金融工具。

如果要挑选2013年表现最为疲软的货币,澳元则应首当其冲。有数据统计,截至12月26日,2013年以来的澳元兑美元累计跌幅已超过16%。而据12月26日中国外汇交易中心的数据,1澳元对人民币5.442 0元,相比年初时1澳元对人民币6.50元左右的汇率,澳元兑人民币的跌幅已经接近17%。而澳元大幅贬值,一向被视为外汇理财产品中的"宠儿"的澳元理财产品,也因收益率大幅跳水而成为部分银行的"弃儿",招行、交行、中行银行等发行外汇理财产品较多的银行都不同程度地减少了澳元理财产品的发行,而农行、工行、民生等银行从下半年开始都不约而同地停发了澳元理财产品。

收益率下滑的势头在 2013 年的下半年终于缓解,但这一变化这并不是因为各国央行的利率调整带来的。银行间债券市场各类债券、回购、同业存款等,以及其他监管机构允许交易的金融工具。三季度以来央行持续稳健的货币政策,使得外汇理财产品的收益率在 10 月份出现了跳涨。多家银行的美元、欧元产品预期收益率出现上调,有的甚至高涨 2 倍。10 月底至 11 月初,有部分银行上调了外汇理财产品预期收益率。光大银行、兴业银行 6 个月和 1 年期的美元产品预期收益率均上调 0.5 个百分点,建设银行 2 个月期的美元和欧元产品预期收益率均上调 0.6 个百分点。而进入年末,外汇理财产品收益率上涨更加明显,如中国银行 1 个月期的美元和欧元产品预期收益率则分别上涨了 1 倍和 2 倍。建设银行发行的汇得盈非保本外币理财产品 2013 年第 20 期,一款半年以内美元产品预计年收益率为 2.0%,而在 9 月份与该产品相近的理财产品的收益率仅为 1.0% 左右。

理财收益难敌汇率损失

作为投资,投资者关心的不仅仅是外汇理财产品的预期收益率水平,也更关心外币的汇率变化情况,因为汇率的波动幅度远大于产品预期收益率的水平。

2013 年以来,主要发达国家货币的实际有效汇率相对于人民币仍然在持续贬值。以美元为例,12 月 20 日,美元兑人民币中间价报于 6.119 6,相比上年末,贬值了约 2.64%,美元理财产品一年的理财收益基本无法覆盖汇率的损失。

美元在 2013 年还属于相对强势的币种,如果手中持有其他大幅贬值的币种,不论买什么理财产品,都难逃汇率损失这一劫。以理财收益率较高的澳元为例,2013 年以来,澳元兑美元累计跌幅已经超过 16%,澳元兑人民币的跌幅则超过 17%。那点看似较高的理财收益率,在汇率损失面前显得如此苍白。

（三）外汇理财产品或将难以为继

国际市场上，2013 年的全球的货币政策总体来说还是比较宽松的，各国央行不断调整存款利率，甚至有的央行在 1 年内连续四次降息。在经历了欧债危机重创和长达 18 个月的经济衰退后，欧元区经济状况终于有所转机：GDP 环比增长终于在二季度录得正值、其 GDP 各分项指标全部恢复增长、欧债危机高危成员国经济改善显著。鉴于欧洲经济 2013 年的喜人表现，国际货币基金组织、世界银行和经济合作与发展组织三大国际机构都对欧元区未来经济前景持乐观态度，并预测其 GDP 在 2014 年全年能够止跌回升。欧债危机的阴霾终于散去。银行业内人士也表示，如果欧元区能告别债务危机走上复苏之路，美、欧、日经济有望在 2014 年全面恢复增长，这将是 2010 年以来首次。不仅如此，在新兴经济体增长预计将整体放缓的情况下，这也将对全球经济形成一个新的支持。

但由于包括财政紧缩政策的拖累，失业率居高不下，总债务规模持续上升以及 2014 年即将来临的政治风险等下行风险仍在，经济很难摆脱重重束缚轻装上阵。因此，复苏进程将十分缓慢，最乐观的莫过于温和复苏。欧元区 2013 年 12 月 CPI 初值年率仅为 0.8%，较前期的 0.9% 又有回落，这距欧洲央行在 2013 年 11 月的降息才过去 1 个月，之前的降息作用就已经消耗完毕。因此，欧洲央行很有机会再次将利率从 0.25% 降至 0% 的水平。欧洲央行行长德拉吉以及多位欧央行官员都在此前表示过，欧央行已经随时将利率降至 0 水平之下。

由于欧元区低通胀风险只可能会让欧洲央行进一步宽松货币政策，而非收紧，随着欧洲央行与美联储货币政策分道扬镳，2014 年"弱欧元、强美元"的气氛似乎正越来越浓。

再者，除了超低的产品收益外，投资者在购买外币理财产品时还要面临着汇率损失的风险。2013 年以来，主要发达国家货币的实际有效汇率相对于人民币仍然在持续贬值。

以 2013 年相对强势的美元为例，从 2011 年至今，人民币对美元升值了近 8%，平均每年升值约 3%，而相比人民币理财产品 4.5% 左右的年收益率，美元产品需要达到 7.5% 才可以和人民币产品齐平。而事实上美元的利率近乎零,其理财产品的预期年收益率不到 3%。这使得持有美元理财产品的收益远不及人民币理财产品。如果手中持有其他大幅贬值的币种,不论买什么理财产品,都难逃汇率损失这一劫。

另外,随着低门槛外汇投资渠道的拓宽,如嘉实的首只美元约定收益基金—新兴市场双币分级债券基金 A 级份额的推出,为拥有稳健理财需求的美元客户提供更多选择。而 100 美元的超低门槛,也方便更多美元客户管理闲散资金。银行外汇理财产品对持汇的投资者失去吸引力,或最终成为"鸡肋"产品。

四、开放式基金产品分析

本章概要

2013 年,公募基金市场可谓喜忧参半。各类基金业绩表现,除了货币型基金以外,几乎都表现出了明显的两极分化趋势,业绩两端的差距越拉越大,无论是股票型基金、混合型基金,或者是债券型基金,甚至保本型基金,都毫无例外。

在新基金发行市场,各基金公司都给予了前所未有的重视,铆足了劲不停推出新基金,因此 2013 年新基金的发行数量再次创出新高。但是相对于基金公司的高度热情,投资者则明显更为冷静,因此 2013 年新基金发行的份额出现了不升反降的趋势。

2013 年互联网金融的兴起使得货币型基金面临着新的发展机遇;而基金行业的顽症——"老鼠仓"事件也依然成为市场所高度关注的热点。

(一) 发行"热"遭遇认购"冷"

2013 年的新基金发行市场颇有些"剃头挑子一头热"的特征。作为发行方的基金公司爆发出了前所未有的热情,2013 年整个年度新基金的发行数量再度创出历史新高。但是从取得的募集效果看,投资者似乎并不买账。

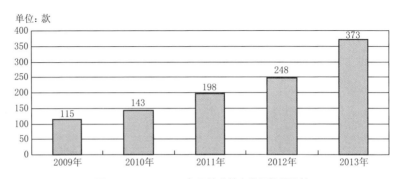

图 4-1 2009—2013 年开放式基金发行数量比较

从开放式基金发行数量比较图中可以看到,2013 年共有 373 款新基金发行,继续延续了近几年的增长势头。而 2012 年,新基金发行数量为 248 款,2013 年新基金发行数量增速为 50.40％。2010 年、2011 年、2012 年的增速分别为 24.35％、38.46％、25.25％。因此,2013 年基金发行数量增速也是近年之最。

基金公司发行新基金的热情主要来自于几个方面:首先,自身资产管理规模扩张的需求。资产管理规模是基金公司的"生命线",而要维持原有的资产管理规模,除了要有良好的业绩表现以稳定原有存量规模,寻求新的增量更是重中之重;其次,2012 年基金创新不断,并获得良好的市场反应,也促使基金公司寄希望于 2013 年重现 2012 年的盛况。

但是,基金公司高涨的热情遭遇到了投资者的冷遇。

单位:亿份

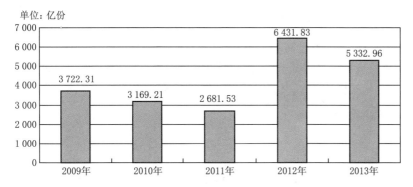

图 4-2　2009—2013 年开放式基金发行份额比较

从开放式基金发行份额比较图中可以看到,2013 年新基金发行所募集的份额为 5 332.96 亿份,而 2012 年该数值为 6 431.83 亿份,同比下降 17.08％。在新基金发行数量同比增长 50.40％的情况下,发行份额不但没有同步增长,反而出现了较大幅度的下降,投资者的态度不言而喻。

之所以会出现这一"背离"现象,原因也是多方面的:

首先,创新固然是一个能够用来吸引投资者目光的武器,但是最终能够真正起到作用的依然是基金的实际业绩。相对于其他因素,收益的高低将成为吸引投资者的最终武器。2013 年,大多数的基金业绩缺乏整体的说服能力,这在很大程度上使得投资者的兴趣大减。

其次,2013 年的投资理财市场进入"蜕变期"。其他类型的理财产品表现出了很强的创新能力,这也在很大程度上分散了投资者的目光。

此外,2013 年的"钱荒"因素导致市场资金偏紧,从而也导致了流入基金的资金量减少。

单位:亿份

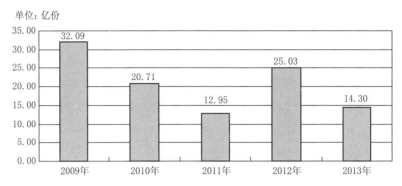

图 4-3 2009—2013 年开放式基金发行平均份额比较

2013 年,新基金的发行数量与发行份额出现了明显的"背离"现象,也揭示了一个简单的事实,那就是单个新发基金的募集份额的减少。2013 年,新发基金平均募集份额为 14.30 亿份,而 2012 年新发基金平均募集份额为 25.03亿份,下降幅度高达 42.80%。14.30 亿份的平均份额在近五年中仅略高于 2011 年的 12.95 亿份。

(二) 基金发行受"钱荒"影响

从 2013 年新基金每月的发行情况看,"钱荒"因素对于新基金发行产生了至关重要的影响。

单位:款

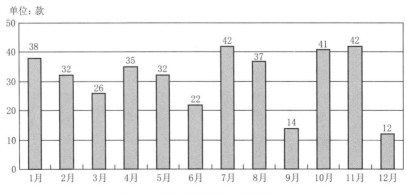

图 4-4 2013 年开放式基金月度发行量

2013 年上下半年的新基金发行数量相当平均,上半年发行新基金 185 款,下半年发行 188 款。从具体月份看,发行数量最少的月份出现在 12 月以及 9 月,这两个月的新基金数量分别是 12 款以及 14 款;发行数量最多的月份出现在 7 月以及 11 月,这两个月的新基金数量都达到了 42 款,其余各月的发行数量相对较为平均。

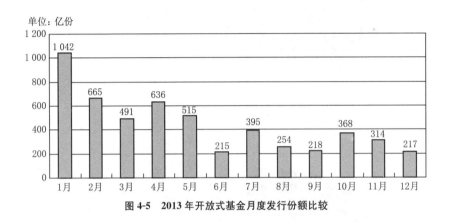

图 4-5　2013 年开放式基金月度发行份额比较

相对于新基金发行数量而言,2013 年新基金发行份额明显地呈现出了阶段性特征。从图 4-5 中,可以很明显地将 2013 年分为两个阶段,即 1—5 月以及 6—12 月。在 1—5 月这一阶段,新基金的发行份额明显高于后者。而造成这一现象的原因,无疑就是"钱荒"的爆发。

2013 年 6 月,以国内银行间拆借市场利率飙升为标志,"钱荒"爆发,并一直延续到 2013 年末。市场资金短缺,对基金发行市场造成了明显的冲击,最明显的标志就是基金发行募集份额的显著下降。2013 年 6 月之后的单月发行份额就再未超过前五月的最低数值。

2013 年,新基金发行份额最高的月份是 1 月,该月共发行基金份额 1 042 亿份。而这显然受到两大因素的影响,首先就是个人投资者年末资金较为宽裕;其次就是延续了 2012 年基金火爆的销售惯性。而发行份额最低的月份出现在 6 月,也就是"钱荒"正式爆发的时候。

(三) 新基发行冷热不均

2013 年,新基金的发行表现出了明显的冷热不均。这一冷热不均在多个方面得以表现,如基金公司与投资者之间存在的冷热区别,不同类型基金遭遇到的冷热区别待遇,同一类型基金在不同时段也存在着明显的冷热区别。

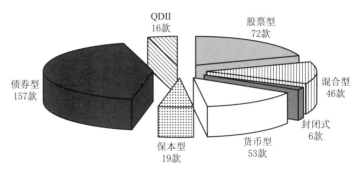

图 4-6　2013 年新发基金类型比较(按发行数量)

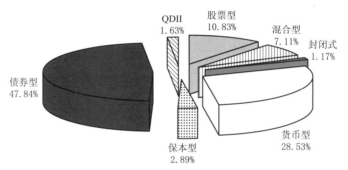

图 4-7　2013 年新发基金类型比较(按发行份额)

2013 年,债券型基金发行 157 款,占比达 47.84%;而 2012 年,债券型基金共发行 70 款,占比为 34.48%。2013 年债券型基金发行数量增幅达 124.29%,占比上升 13.36%。

2013 年,股票型基金发行 72 款,占比达 10.83%;而 2012 年,股票型基金共发行 49 款,占比为 24.14%。2013 年股票型基金发行数量增幅达 46.94%,占比下降 13.31%。

2013 年,货币型基金发行 53 款,占比达 28.53%;而 2012 年,货币型基金共发行 44 款,占比为 21.67%。2013 年货币型基金发行数量增幅达 46.94%,占比上升 6.86%。

1. 股票型基金遭抛弃

2013 年,中国股市整体上依然延续着"熊"市表现,这也直接影响到了投

资者对于股票型基金的接受程度,因此 2013 年股票型基金在新基金市场中的
表现的疲弱也是可以理解的。

单位: 款

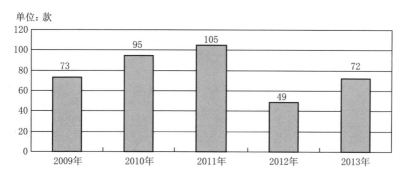

图 4-8　2009—2013 年股票型基金发行量比较

从 2009—2013 年股票型基金发行情况看,虽然 2013 年股票型基金的发
行数量为 72 款,较 2012 年发行 49 款的数量有了明显的提升。但是,从连续
五年的数据来看,这一数值在依然属于较低的水准。事实上,如果考虑到基金
发行数量连年增长的因素,可以这样说,2013 年,股票型基金发行占比已降至
近年的最低。

单位: 款

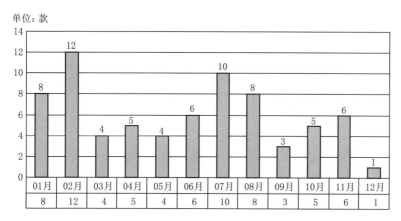

	01月	02月	03月	04月	05月	06月	07月	08月	09月	10月	11月	12月
	8	12	4	5	4	6	10	8	3	5	6	1

图 4-9　2013 年股票型基金月度发行数量

从股票型基金月度发行数量的对比来看,2013 年年初以及年中两个时间
段是其发行较为密集的阶段。全年月度发行数量在 10 款以上的仅有 2 月以
及 7 月,这两个月的发行数量分别是 12 款以及 10 款。而全年发行数量最少
的是 12 月,仅有 1 款。

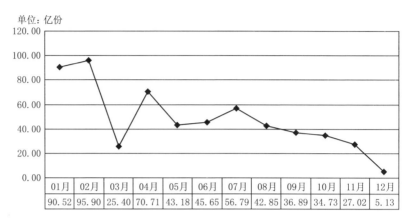

单位: 亿份

01月	02月	03月	04月	05月	06月	07月	08月	09月	10月	11月	12月
90.52	95.90	25.40	70.71	43.18	45.65	56.79	42.85	36.89	34.73	27.02	5.13

图 4-10　2013 年股票型基金月度发行份额

而股票型基金的发行份额相对于发行数量而言,则更显得惨淡。2013年,股票型基金的发行份额几乎呈现单边的下滑状态。全年没有一个单月的发行份额超过百亿,但其中发行份额最高的月份为 2 月,发行份额为 95.90 亿份。而发行份额最低的 12 月,则仅发行了 5.13 亿份。很明显,投资者在 2013年接受股票型基金的热情已逐渐降至冰点。

2. 债券型基金前热后冷

2013 年,相对于股票型基金遭弃的悲惨命运而言,债券型基金在 2013 年的命运则曲折得多。2013 年,新基金市场中的债券型基金遭遇到了前热后冷的对待,债券型基金在 2013 年上下半年截然不同的表现,直接影响到了新基金的发行。

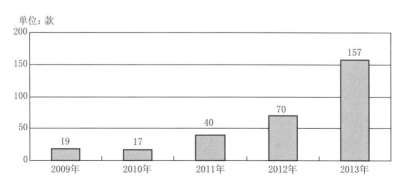

图 4-11　2009—2013 年债券型基金发行量比较

从 2009—2013 年债券型基金发行情况看,债券型基金的发行数量几乎呈现出年年快速增长的势头。2013 年债券型基金的发行数量高达 157 款,较 2012 年的 70 款增速惊人。很明显,在中国股市连年走"熊"的情况下,股票型基金始终难以取得稳定的收益,这使得债券型基金的价值凸显。同时,基金公司近几年也加大了在债券型基金中的创新。因此,债券型基金在近几年获得了很好的发展机会。

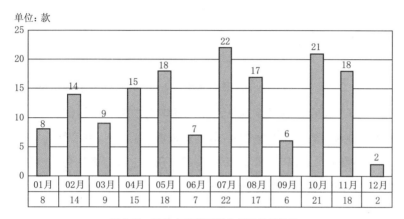

图 4-12　2013 年债券型基金月度发行数量

2013 年 6 月爆发的"钱荒"对于债券型基金的业绩造成了极大的打击,但是从债券型基金在 2013 年的月度发行数量来看,基金公司似乎并没有因此而减少债券型基金的发行数量,甚至在下半年债券型基金发行了 86 款,较上半年的 71 款有所增加。全年债券型基金发行数量最多的是 7 月,共计发行 22 款;发行数量最少的是 12 月,仅发行了 2 款产品。

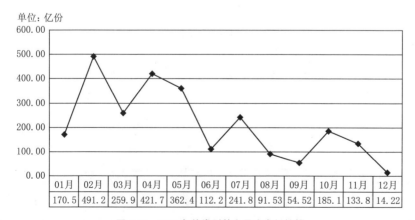

图 4-13　2013 年债券型基金月度发行份额

"钱荒"虽然不能影响基金公司发行债券型基金的速度,但是却对投资者产生了巨大的影响。从 2013 年债券型基金月度发行份额可以很清晰地看出这一影响:进入 6 月之后,债券型基金的发行份额出现了明显的下降。债券型基金业绩的下降,同时由于资金价格的上升而导致其他一些理财产品收益率的上升,使得债券型基金的热度迅速降温。2013 年,债券型基金发行份额最高的是 2 月,共发行份额 491 亿份;发行最低的是 12 月,仅发行了 14 亿份。

3. 货币型基金飞跃式增长

2013 年,货币型基金由于诸多因素的共同作用而获得了极大的发展,甚至成为 2013 年基金市场乃至理财产品市场中当之无愧的明星。2013 年"钱荒"的爆发直接打击了债券型基金,但是资金价格的上涨,则直接使得货币型基金的收益飙升。而以"余额宝"为代表的互联网金融适逢其会的出现,更是使得货币型基金获得了倍数激增的良机。

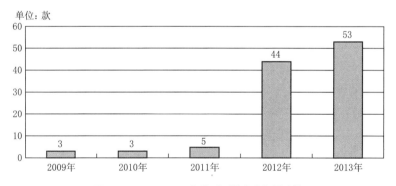

图 4-14　2009—2013 年货币型基金发行量比较

从 2009—2013 年货币型基金发行情况看,货币型基金的发行数量处于五年来的最高位。作为一种保守型的理财产品,在证券市场连年"熊"市,投资者投资意愿始终偏向稳健乃至保守的情况下,传统的货币型基金受到基金公司的重视顺理成章。同时,货币型基金也成为基金公司维持资产管理规模的一大手段。

2013 年货币型基金的月度发行数量呈现出明显的阶段性特征。年初以及年末成为两大发行时机。年初一季度,共计发行 24 款货币型基金,其中 1 月发行 16 款,成为全年发行之最。而年末四季度则发行了 19 款。一季度历

单位：款

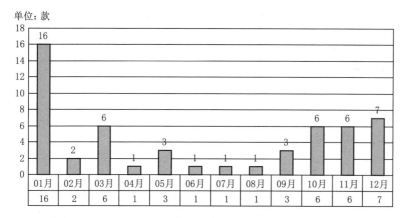

	01月	02月	03月	04月	05月	06月	07月	08月	09月	10月	11月	12月
	16	2	6	1	3	1	1	1	3	6	6	7

图 4-15　2013 年货币型基金月度发行数量

来是货币型基金的发行高峰期,投资者在这一阶段往往拥有更多的"活钱",这
也是货币型基金发行大增的主要原因。而 2013 年第四季度的增量则与下半
年货币型基金收益飙升,7 日年化收益率升至达到了 7‰ 以上的水准有关,这
使得基金公司平添了许多"底气"。同时,下半年以货币型基金为基础的互联
网金融吸引了投资者的目光,基金公司也是借此良机力推新品。

单位：亿份

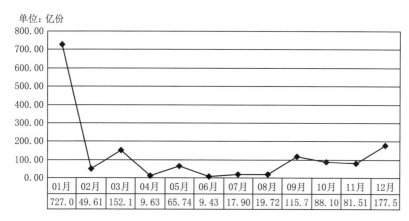

	01月	02月	03月	04月	05月	06月	07月	08月	09月	10月	11月	12月
	727.0	49.61	152.1	9.63	65.74	9.43	17.90	19.72	115.7	88.10	81.51	177.5

图 4-16　2013 年货币型基金月度发行份额

　　2013 年货币型基金发行份额呈现出明显的"两头高,中间低"的特征,全
年发行 1 514 亿元,其中一月发行份额为 727 亿份,几乎占据半壁江山。但事
实上,货币型基金的发行份额远不止这些。2013 年,由互联网企业引导的大
部分互联网金融产品的份额并未计算在内。而这一部分的份额更是令人惊
讶,以"余额宝"为例,作为新生事物的"余额宝"自诞生之日起就受到了投资者

的热捧,截至 2013 年 12 月 31 日,"余额宝"的份额已经超过了 1 800 亿份。单此一产品的份额,就已超过全年货币型基金的新发份额,互联网金融的威力由此展现得淋漓尽致。

(四) 基金业绩全面分化

2013 年,公募基金业绩出现了全面的分化现象。无论是股基还是债基,抑或 QDII 基金,其业绩都呈现出明显的两极化。从整体情况而言,或许只有货币基金的业绩表现可以令人满意。

1. 股票型基金业绩分化惊人

2013 年,中国证券市场整体上始终难以摆脱熊市,但是板块轮动以及炒作却进行得如火如荼。这种典型的弱势格局,对于基金经理的能力无疑是一大挑战。对市场较为敏感,对热点有着较强预判能力,以及那些对于板块炒作节奏把握较好的基金公司以及基金经理,在这种弱势市场中往往能够如鱼得水,取得很好的业绩;反之,则只能一败涂地。

表 4-1　2013 年股票型基金产品收益情况一览

基金代码	基金简称	收益(%)	基金经理	排名
590008	中邮战略新兴产业	80.38	任泽松	1
080012	长盛电子信息产业	74.26	王克玉	2
519679	银河主题策略	73.51	成　胜	3
260104	景顺长城内需增长	70.41	王鹏辉、杨　鹏	4
260109	景顺长城内需增长贰号	69.14	王鹏辉、杨　鹏	5
481006	工银瑞信红利	−17.49	杨　军	末 5
166006	中欧中小盘	−22.59	王　海	末 4
240022	华宝兴业资源优选	−25.78	蔡目荣	末 3
580003	东吴行业轮动	−26.13	任　壮	末 2
110025	易方达资源行业	−28.73	王　超	末 1

创业板行情是 2013 年证券市场中的一大主线,股价翻番成为普遍现象。

因此,是否能够抓住此波行情,是 2013 年股票型基金能否取得好业绩的关键。而 2013 年,业绩位于前列的无一例外,都在创业板行情中赚了个盆满钵满。

有些行业或是板块在 2013 年一飞冲天,有些则跌入深渊。一些基金没能及时调整思路,抱残守缺,最终只能以大幅亏损告终。从收益情况表中可以看出,2013 年资源股显然成为市场所舍弃的板块,从而导致了重仓此类个股的基金业绩沦为垫底。

2013 年,股票型基金业绩出现了明显的分化,而且分化的趋势明显大于 2012 年。

2013 年,中邮战略新兴产业以 80.38% 的收益率位列涨幅榜首;而易方达资源行业则以 -28.73% 的收益位列榜末,首尾差距高达 109.11%。而 2012 年股票型基金中,收益最高的为 31.79%,收益最低的为 -10.16%,两者差距为 41.95%。因此,无论是从最高收益、最低收益,还是首位差距来看,2013 年的股票型基金的业绩都表现出了明显的分化。

当然,由于 2013 年证券市场存在着不少结构性机会,因此整体而言,股票型基金大都能够从中获益。根据统计,在 336 款股票型基金中,取得正收益的高达 303 款,占比高达 90.18%,而全年亏损的基金仅有 33 款,占比 9.82%。

2. 指数型基金表现稍逊于股基

2013 年,中国证券市场整体低迷的现状对指数型基金造成了极大的影响,作为被动型产品,指数型基金很难突破大环境的制约。但是,由于指数型基金在经过多年的发展以及创新之后得到了极大的丰富,它们所跟踪的具体指数也千差万别,因此在整体受限的情况下,依然有部分幸运者存在。

表 4-2　2013 年指数型基金产品收益情况一览

基金代码	基金简称	收益(%)	基金经理	排名
159915	易方达创业板 ETF	78.51	王建军	1
161613	融通创业板	75.62	李　勇、王建强	2
110026	易方达创业板 ETF 联接	71.42	王建军	3
159909	招商深证 TMT50ETF	51.68	王　平、罗　毅	4
217019	招商深证 TMT50ETF 联接	47.98	罗　毅、王　平	5
160620	鹏华中证 A 股资源产业	-33.94	杨　靖	末 5

（续表）

基金代码	基金简称	收益(%)	基金经理	排名
161217	国投瑞银中证上游	−34.11	刘 伟、董 晗	末4
510170	国联安上证商品 ETF	−34.87	黄 欣	末3
690008	民生加银中证内地资源	−37.70	黄一明	末2
161819	银华中证内地资源主题	−38.13	马 君	末1

　　2013 年创业板行情使得相关的指数基金脱颖而出。从表 4-2 中,不难发现位列指数型基金收益前三位的无一例外都是创业板指数基金,而且收益都在 70% 以上,可谓惊人。

　　但是,在 2013 年证券市场的结构性行情中,有创业板这样的"得意者",自然也存在着不少"失意者",其中资源类板块无疑就是其中的代表。2013 年指数型基金中收益垫底的几乎都是此类基金。例如"鹏华中证 A 股资源产业"、"民生加银中证内地资源"、"银华中证内地资源主题"都是典型的资源类指数基金,而"国投瑞银中证上游"显然也是其中一员。这些指数型基金在 2013 年遭受重创,亏损幅度都在 30% 以上。

　　2013 年,指数型基金收益率首尾差距高达 116.64%,如此大幅的差距在往年也是极为罕见的。但是平心静气地分析,不难发现这种情况的发生可说是一种必然。

　　从外部环境而言,当证券市场整体不存在大行情时,结构性行情往往就会大行其道,且炒作力度往往惊人,这又会导致资金从其他板块流出,造成其他板块个股"失血"情况的加剧。因此,"强者恒强,弱者恒弱"的马太效应往往就是弱势、平衡市的常态。

　　而指数型基金的创新与发展,使得越来越多的指数型基金关注于具体的细分板块,因此很容易将这种情况在业绩上反映出来。2013 年,指数型基金的情况就充分说明了问题。

　　通过 2013 年股票型基金与指数型基金的对比可以发现,2013 年主动型的股基表现优于被动型的指基。从两者收益前五位的对比可以发现,虽然首位差距不大,但是后面的差距已被迅速拉开。股票型基金收益第五位的是"景顺长城内需增长贰号",收益为 69.14%;而指数型基金收益第五位的是"招商深证 TMT50ETF 联接",收益为 47.98%。而从两者表现最差的五款基金对比,更能说明问题。表现最差的五款指数型基金,2013 年的亏损幅度都超过了30％,远高于股票型基金的水平。

可见,在结构性行情中,基金经理的主观能动性能够发挥更为积极的作用。而对于投资者而言,随着指数型基金的细分程度越来越明显,在投资时也需要更多地进行主动管理,这样才能更好地规避一些系统化的风险。

3. 混合型基金相对中庸

作为一种兼顾证券市场以及债券市场、货币市场的基金,混合型基金的表现相较于股票型基金也受到了更多因素的影响。因此,2013年的混合型基金的业绩既受益于证券市场的结构性行情,又受限于债券市场下半年的疲软。总体而言,混合型基金2013年的表现类似于股票型基金,但又显得相对中庸。

表4-3　2013年混合型基金产品收益情况一览

基金代码	基金简称	收益(%)	基金经理	排名
213006	宝盈核心优势A	56.40	王茹远	1
630005	华商动态阿尔法	51.46	梁永强	2
290005	泰信优势增长	42.45	朱志权	3
240008	华宝兴业收益增长	39.28	邵喆阳	4
410001	华富竞争力优选	38.87	龚炜	5
070010	嘉实主题精选	−5.37	邹唯	末5
483003	工银瑞信精选平衡	−14.97	杨军、高喜阳、黄安乐、胡文彪	末4
519700	交银主题优选	−15.77	李永兴	末3
375010	上投摩根中国优势	−18.20	董红波	末2
270022	广发内需增长	−19.57	陈仕德	末1

在2013年混合型基金业绩排名中,位居第一的是"宝盈核心优势A",其收益为56.40％,显然比股票型基金最高80.38％的收益逊色了不少;但是同样地,2013年混合型基金最差业绩为"广发内需增长"的−19.57％,亏损幅度也要远小于股票型基金的−28.73％。2013年混合型基金收益首尾差距为75.97％,远小于股票型基金以及指数型基金。

4. 债券型基金遭遇滑铁卢

一直以来,债券型基金的业绩表现往往表现出很强的趋同性,市场环境有利时,收益整体走高;市场环境不利时,则收益整体走低。但是,这一规律也在2013年被打破。2013年,债券型基金业绩也出现了明显的分化。

表4-4 2013年债券型基金产品收益情况一览

基金代码	基金简称	收益(%)	基金经理	排名
350006	天治稳健双盈	11.49	秦 娟	1
165517	信诚双盈分级	9.97	曾丽琼	2
410004	华富收益增强A	9.35	胡 伟	3
161015	富国天盈分级	9.00	刁 羽	4
410005	华富收益增强B	8.92	胡 伟	5
050019	博时转债A	−11.84	邓欣雨	末5
050119	博时转债C	−12.04	邓欣雨	末4
040023	华安可转债B	−12.12	贺 涛	末3
050016	博时宏观回报AB	−15.35	皮 敏	末2
050116	博时宏观回报C	−15.40	皮 敏	末1

从表4-4中可以发现,2013年收益最高的债券型基金业绩超过了10%,而收益最差的债券型基金的业绩居然是亏损超过15%,首尾差距接近30%。这在以往也是从未发生过的。

事实上,2013年债券型基金的日子并不好过。在上半年,所有的情况都在正常范围内。到了2013年6月,国内突然爆发出了严重的"钱荒",这直接改变了债券型基金2013年的命运。"钱荒"的爆发,使得市场资金价格扶摇直上,这直接对国内债券市场形成了压制,而债券价格的下挫又导致了债券型基金业绩的下滑。更为雪上加霜的是,此波"钱荒"从爆发之日起就再未远去,一直持续到了2013年末。因此,可以这样说,2013年的债券型基金遭遇了严重的系统性风险,整体收益严重下滑。

在整体收益不佳的大背景下,其他一些因素更加助长了债券型基金业绩分化情况的出现。分级债基由于产品设计上的优势,抵抗住了此次风险,取得了不俗的业绩表现,位列债券型基金业绩排行前列的基本都是此类产品。

而投资可转债市场的债券型基金则普遍处于业绩排行的尾端。对于这些基金而言,它们不但遭受了来自债券市场的冲击,更遭受了来自于证券市场熊市的打击,真正感受到了"股债双杀"的威力。

5.货币型基金遭热捧

2013 年,货币型基金是唯一全部实现正收益的基金类型。同时由于诸多因素的共同作用,货币型基金在 2013 年引发了一波热潮,受到了投资者的追捧。

表 4-5　2013 年货币型基金产品收益情况一览

基金代码	基金简称	收益(%)	基金经理	排名
091021	大成月添利理财 B	5.06	陶　铄、王　立	1
040029	华安月月鑫 B	5.01	贺　涛、张晟刚	2
471060	汇添富理财 60 天 B	5.01	曾　刚	3
380004	中银理财 60 天 B	4.90	王　妍	4
202306	南方理财 60 天 B	4.90	夏晨曦	5
583001	东吴货币 A	3.12	韦　勇	末 5
070028	嘉实安心货币 A	3.12	魏　莉	末 4
540011	汇丰晋信货币 A	3.10	李媛媛	末 3
560001	益民货币	3.03	李道滢、李勇钢	末 2
360020	光大添天盈 B	2.17	韩爱丽	末 1

2013 年中爆发并一直持续至年末的"钱荒",对债券型基金造成了巨大的"杀伤"影响,却对货币型基金产生了巨大的利好影响。长期的"钱荒"使得 2013 年全年的资金价格始终居高不下,货币型基金的收益自然也水涨船高。

高度的安全性,超出预期的收益,使得货币型基金引起了众多的关注。特别是那些风险偏好较为保守的投资者更是将货币型基金作为替代银行存款的绝佳对象。而货币型基金收益的提高也事实上代表着市场无风险收益的提高,这在一定程度上也推动了整个理财产品市场收益的走高趋势。

而货币型基金收益的高企只是它们在 2013 年受到热捧的原因之一。2013 年,由"余额宝"而兴起的互联网金融热潮更是将它们推上了风口浪尖。诸多互联网企业依托货币型基金,强化其流动性,主打其高收益性。这一"高流动性,高收益性"产品类型一经问世,就极大地撬动了这一为人所忽视,却又存量庞大的细分市场,取得了令人咋舌的成绩。

6. 保本型基金不保本

2013 年,保本型基金的业绩难言靓丽。虽然与货币型基金在很多方面存在差异,但是就同为低风险基金的两者而言,其收益业绩难免被人进行比较。2013 年,保本型基金整体收益继续延续 2011 年以及 2012 年的颓势,被货币型基金所超越。

2013 年货币型基金平均收益为 4.14%,而同期保本型基金的平均收益仅为 1.81%,远远落后于货币型基金。

表 4-6　2013 年保本型基金产品收益情况一览

基金代码	基金简称	收益(%)	基金经理	排名
320015	诺安保本	8.16	张乐赛	1
519676	银河保本	7.36	孙伟仓、索　峰	2
217020	招商安达保本	7.24	孙海波、邓　栋	3
519710	交银荣安保本	6.78	项廷锋	4
163411	兴全保本	6.57	张　睿、杨　云	5
090019	大成景恒保本	−0.90	王　磊	末 5
720003	财通保本	−1.40	赵媛媛、邵　骏	末 4
270024	广发聚祥保本	−2.33	谢　军、李　琛	末 3
582003	东吴保本	−3.95	丁　蕙	末 2
290012	泰信保本	−4.23	董山青	末 1

从具体收益排行来看,2013 年收益最高的保本型基金是"诺安保本",其全年收益为 8.16%,而收益最低的是"泰信保本",其收益为−4.23%,首位差距为 12.39%。

表 4-7　2013 年累计净值低于面值的保本型基金一览

基金代码	基金简称	累计单位净值(元)	基金经理
000126	招商安润保本	0.956 0	邓　栋
000058	国联安保本	0.962 0	袁新钊
582003	东吴保本	0.972 0	丁　蕙
000066	诺安鸿鑫保本	0.975 0	谢志华
210014	金鹰元丰保本	0.979 0	洪利平、邱新红

基金代码	基金简称	累计单位净值(元)	基金经理
620009	金元惠理惠利保本	0.980 0	李 杰
487021	工银瑞信保本2号	0.983 0	欧阳凯、王 勇
000030	长城久利保本	0.984 0	于 雷、史彦刚
000072	华安保本	0.985 0	郑可成、张晟刚、吴丰树
720003	财通保本	0.987 0	赵媛媛、邵 骏
090019	大成景恒保本	0.988 0	王 磊
000028	华富保本	0.989 0	胡 伟
180002	银华保本增值	0.994 3	姜永康
000166	中海安鑫保本	0.997 0	刘 俊
000196	工银瑞信保本3号B	0.997 0	王 勇、欧阳凯
202213	南方安心保本	0.997 0	陈 键、李 璇

值得注意的是,在纳入统计的55款保本型基金中,居然有16款的累积净值在1元以下,其中"招商安润保本"的累计净值最低仅为0.956 0元。虽然保本型基金根据其产品设计,都是能够最终保证本金的,但是如此大面积出现低于面值的情况,显然也不是什么好消息。而且,由于保本型基金的特性,其初始阶段的运营情况对其最终收益的高低有着决定性的影响。因此,在基金运行之初就遭遇亏损,这些保本型基金或许已经输在了"起跑线"上。

7. 黄金QDII遭重创

QDII基金由于其跟踪市场存在较大差异,因此其收益也往往千差万别,2013年的情况也同样如此。

表4-8　2013年QDII基金产品收益情况一览

基金代码	基金简称	收益(%)	基金经理	排名
270023	广发亚太精选	43.43	丁 靓	1
100061	富国中国中小盘	39.11	张 峰	2
118002	易方达标普消费品	31.51	费 鹏	3
270042	广发纳斯达克100	29.53	邱 炜	4
160213	国泰纳斯达克100	29.33	崔 涛	5
378546	上投摩根全球天然资源	−20.96	张 军	末5

（续表）

基金代码	基金简称	收益(%)	基金经理	排名
320013	诺安全球黄金	−28.93	宋 青	末 4
164701	汇添富黄金及贵金属	−29.48	赖中立	末 3
160719	嘉实黄金	−30.13	杨 阳	末 2
161116	易方达黄金主题	−31.46	王 超	末 1

2013 年,世界经济出现了良好的复苏势头,同时资金也在大规模地回流世界主要经济体,因此全球主要股票市场出现了罕见的大面积上涨情况,尤其是工业发达国家表现最为突出。美国道琼斯工业股票平均价格指数累计上涨 27%,为 1995 年来最大单年涨幅;标普 500 指数累计上涨 30%,为 1997 年来最大单年涨幅;纳斯达克综合指数全年累计上涨 38.32%,也创出近七年来最佳表现。

受惠于此,那些投资于这些上涨市场的 QDII 基金大都取得了很好的业绩表现。2013 年,位列 QDII 基金收益前五位的分别是"广发亚太精选"、"富国中国中小盘"、"易方达标普消费品"、"广发纳斯达克 100"、"国泰纳斯达克 100",其中"广发亚太精选"以 43.43% 的收益率位列首位。

2013 年,黄金市场终于告别了 10 多年的牛市,价格出现大幅下跌。因此,2013 年的黄金 QDII 基金遭受重创。2013 年亏损幅度最大的 QDII 基金基本被黄金 QDII 所"垄断"。2013 年,亏损幅度最大的前五位 QDII 基金分别是"上投摩根全球天然资源"、"诺安全球黄金"、"汇添富黄金及贵金属"、"嘉实黄金"、"易方达黄金主题",其中"易方达黄金主题"以 31.46% 的亏损幅度成为 2013 年表现最差的 QDII 基金。

（五）基金创新层出不穷

2013 年,公募基金依然展现出了强大的创新能力,各类创新型的产品层出不穷。

定期支付型基金就是其中之一。所谓定期支付是指基金在运作方式中,明确规定基金每年将以一定数额或一定净值比例,按某一约定时间频率定期向客户返还部分投资资产的机制,为投资者提供稳定的现金流。2013 年,一些主打"定期支付"概念的基金面世。例如博时基金所发行的"博时月月薪基金"就是国内首款定期支付型基金;此外,"交银定期支付月月丰"、"工银瑞信月月薪"等也都是 2013 年出现的定期支付型基金。从现有的定期支付型基金来看,此类产品是在 2012 年一度引起市场强烈反响的短期债基基础上的更进一步创新,更加强化了现金收益的理念。

各类 ETF 产品大行其道。2013 年 ETF 产品的队伍得到了极大的扩充,如债券 ETF、行业 ETF、黄金 ETF 都纷纷面世。其中,债券 ETF 包括"国泰国债 ETF"、"博时上证企债 30ETF"等;行业 ETF 中,华夏基金在 2013 年初就打包发行了 5 只行业 ETF,此后各大基金公司纷纷效仿,争相布局行业 ETF,金融、地产、消费、医药卫生、能源、原材料等行业都成为 ETF 基金所青睐的对象。

2013 年虽然黄金价格走势令人失望,但是黄金 ETF 也算得上是基金的一项创新举动。"国泰黄金 ETF"和"华安黄金 ETF"的出现,使投资黄金的方式面临着一场变革。从产品设计上来看,黄金 ETF 产品的投资者可以像买卖股票一样进行自由交易买卖,也可以使用黄金现货合约在一级市场进行申购和赎回。黄金 ETF 的出现,可以实现交易所市场与黄金市场的联通,实现与黄金现货市场、黄金期货市场的联动。

浮动费率基金的出现,打破了基金行业"旱涝保收"的收费模式。该类基金将基金公司管理费率与基金业绩挂钩,业绩好则管理费上浮,反之则下调。从这个角度而言,基金公司的利益能够与投资者的利益高度趋同,从而使得投资者能够避免很多不必要的风险。目前,债券类浮动费率基金,如"富国目标收益一年期纯债基金"等多采用"分档缓增阶梯式浮动费率"机制;而权益类基金,如"中欧成长优选回报"则采取"支点式浮动费率"模式。而这一创新显然借鉴了私募基金的经验。

2013 年 8 月出现的目标触发式基金也给人以耳目一新的感觉。该类基金预先设定一个目标,比如投资时限或是投资收益目标一旦完成则主动清盘。如融通基金所发行的"融通通泽一年"以及"融通通祥混合基金",都是此类创新型基金。这一创新多少能够使人联想到其他一些理财产品的设计思路,比如银行结构型产品往往都有此类设定。

基金,尤其是股票型基金一直受困于"靠天吃饭"的窘境,而中国证券市场历来"牛短熊长"的特性,更是加剧了这一窘境。因此,在基金中引入做空机制也成为基金公司迫切的需求。2013 年 2 月,自中欧基金提交首只多空分级基金的申请以来,已有 20 只不同标的和类别的多空分级基金上报中国证监会。虽然目前尚未正式诞生,但是可以相信,随着金融创新的不断深化,此类产品的面世只是时间早晚的区别而已。

当然,在 2013 年基金的一系列创新行为中引发市场最大反响的莫过于以"余额宝"为代表的互联网金融了。

(六) 证监会监管力度加大

2013 年,肖刚就任中国证监会主席一职。在其领导下的中国证监会对于证券行业内的各种违规违纪事件保持着"零容忍",监管力度更是前所未见。在公募基金行业内,也同样经受了一次"洗礼",一大批违规违纪的基金经理"落马"。

2013 年 4 月份,肖钢上任伊始,一轮债券稽查风暴就此展开。4 月 15 日,万家利 B 遭受大额卖单砸盘,随后万家基金固定收益部总监邹昱被带走调查,事件起因是其交易对手"代持养券"爆仓,从而被调查。此后,又接连曝出中信证券固定收益部执行总经理杨辉、齐鲁银行金融部徐大祝被公安机关调查拘留的新闻。而这也开了国内债券基金经理直接被公安机关调查的"先河"。

这场风暴在 2013 年一直在延续。2013 年 4 月 19 日,易方达基金固定收益部投资经理马喜德因涉嫌职务侵占,被湖南地方检察机关提起公诉的事件曝光。同时,有消息称,西南证券固定收益部副总经理薛晨,因涉嫌债券违规利益输送被带走。

5 月底,嘉实基金现金管理部总监吴洪坚"落马",嘉实基金发布声明称:"吴洪坚因个人原因被公安机关调查,目前已被公司停职。"

7 月下旬,原博时精选股票基金经理马乐"老鼠仓"案件曝光,该案牵涉 70 多只个股,10 亿元资金,这也成为国内最大的"老鼠仓"案件,引起市场的震动。据悉,马乐涉嫌利用职务便利获取博时精选基金交易情况的未公开信息,操作 3 个账户,先于或同期于该基金买入或卖出相同股票 76 只,获利 1 883 万元,成交金额累计约 10.5 亿余元。

马乐"老鼠仓"案件尚未平复,招商基金又被曝出其前副总杨奕因"老鼠仓"嫌疑的举报被调查,移交司法程序的丑闻。

临近年底,11月29日中国证监会相关人士表示,近期新疆证监局主办了一起上海某基金经理涉嫌利用未公开信息交易的案件,该案目前有一名基金经理涉案,中国证监会初步查明其在任职期间借用多个证券账户利用非公开信息交易股票的情况,非法获利较大。目前,该案件还在进一步办理之中。

基金业内的"老鼠仓"现象一直以来就是行业顽症,但是从往年的情况看"老鼠仓"主要集中在股票型基金的基金经理中。但是,2013年的一系列事件解开了一个简单的事实,那就是"只要是利益所在,硕鼠就无处不在"。

表4-9 2013年新发基金一览

名　　称	管理公司	投资类型	基金成立日
广发理财30天A	广发基金	货币型基金	2013-1-14
广发理财30天B	广发基金	货币型基金	2013-1-14
万家14天理财	万家基金	货币型基金	2013-1-15
易方达双月利A	易方达基金	货币型基金	2013-1-15
易方达双月利B	易方达基金	货币型基金	2013-1-15
银华永兴纯债A	银华基金	纯债型基金	2013-1-18
银华永兴纯债B	银华基金	封闭式基金	2013-1-18
华夏理财21天B	华夏基金	货币型基金	2013-1-22
华夏理财21天A	华夏基金	货币型基金	2013-1-22
南方理财30天A	南方基金	货币型基金	2013-1-22
南方理财30天B	南方基金	货币型基金	2013-1-22
汇添富理财21天A	汇添富基金	货币型基金	2013-1-24
汇添富理财21天B	汇添富基金	货币型基金	2013-1-24
长安货币B	长安基金	货币型基金	2013-1-25
长安货币A	长安基金	货币型基金	2013-1-25
工银瑞信60天理财A	工银瑞信基金	货币型基金	2013-1-28
工银瑞信60天理财B	工银瑞信基金	货币型基金	2013-1-28
博时理财30天B	博时基金	货币型基金	2013-1-28
博时理财30天A	博时基金	货币型基金	2013-1-28
建信双月安心B	建信基金	货币型基金	2013-1-29
建信双月安心A	建信基金	货币型基金	2013-1-29
富安达现金通货币B	富安达基金	货币型基金	2013-1-29

名　称	管理公司	投资类型	基金成立日
富安达现金通货币 A	富安达基金	货币型基金	2013-1-29
东吴内需增长	东吴基金	混合型基金	2013-1-30
中银理财 30 天 B	中银基金	货币型基金	2013-1-31
中欧纯债 A	中欧基金	纯债型基金	2013-1-31
中银理财 30 天 A	中银基金	货币型基金	2013-1-31
中欧纯债 B	中欧基金	封闭式基金	2013-1-31
民生加银积极成长	民生加银基金	混合型基金	2013-1-31
博时亚洲票息人民币	博时基金	QDII 基金	2013-2-1
华夏保证金 B	华夏基金	货币型基金	2013-2-4
华夏保证金 A	华夏基金	货币型基金	2013-2-4
长信利众 B	长信基金	封闭式基金	2013-2-4
长信利众 A	长信基金	混合型基金	2013-2-4
中银稳健添利	中银基金	混合型基金	2013-2-4
农银汇理 7 天理财 A	农银汇理基金	货币型基金	2013-2-5
农银汇理 7 天理财 B	农银汇理基金	货币型基金	2013-2-5
安信现金管理货币 A	安信基金	货币型基金	2013-2-5
安信现金管理货币 B	安信基金	货币型基金	2013-2-5
融通丰利四分法	融通基金	QDII 基金	2013-2-5
招商央视财经 50	招商基金	指数型基金	2013-2-5
华安纯债 A	华安基金	纯债型基金	2013-2-5
华安纯债 C	华安基金	纯债型基金	2013-2-5
嘉实中证中期企业债 C	嘉实基金	纯债型基金	2013-2-5
嘉实中证中期企业债 A	嘉实基金	纯债型基金	2013-2-5
金元惠理惠利保本	金元惠理基金	保本型基金	2013-2-5
国泰国证房地产 B	国泰基金	封闭式基金	2013-2-6
国泰国证房地产 A	国泰基金	封闭式基金	2013-2-6
鹏华产业债	鹏华基金	纯债型基金	2013-2-6
国泰国证房地产	国泰基金	指数型基金	2013-2-6
南方中证 500ETF	南方基金	指数型基金	2013-2-6
广发新经济	广发基金	股票型基金	2013-2-6
嘉实中证 500ETF	嘉实基金	指数型基金	2013-2-6
民生加银家盈 7 天 A	民生加银基金	货币型基金	2013-2-7
民生加银家盈 7 天 B	民生加银基金	货币型基金	2013-2-7

（续表）

名　　称	管理公司	投资类型	基金成立日
大成中证 100ETF	大成基金	指数型基金	2013-2-7
信诚优质纯债 B	信诚基金	纯债型基金	2013-2-7
信诚优质纯债 A	信诚基金	纯债型基金	2013-2-7
工银瑞信保本 2 号	工银瑞信基金	保本型基金	2013-2-7
泰信现代服务业	泰信基金	股票型基金	2013-2-7
南方开元沪深 300ETF	南方基金	指数型基金	2013-2-18
招商双债增强 B	招商基金	封闭式基金	2013-3-1
招商双债增强 A	招商基金	纯债型基金	2013-3-1
易方达天天 A	易方达基金	货币型基金	2013-3-4
易方达天天 R	易方达基金	货币型基金	2013-3-4
易方达天天 B	易方达基金	货币型基金	2013-3-4
国泰上证 5 年期国债 ETF	国泰基金	纯债型基金	2013-3-5
工银瑞信增利 B	工银瑞信基金	封闭式基金	2013-3-6
工银瑞信增利 A	工银瑞信基金	债券型基金	2013-3-6
易方达沪深 300ETF	易方达基金	指数型基金	2013-3-6
万家岁得利	万家基金	纯债型基金	2013-3-6
上投摩根智选 30	上投摩根基金	股票型基金	2013-3-6
国泰上证 5 年期国债 ETF 联接 C	国泰基金	纯债型基金	2013-3-7
国泰上证 5 年期国债 ETF 联接 A	国泰基金	纯债型基金	2013-3-7
华夏纯债 A	华夏基金	纯债型基金	2013-3-8
华夏纯债 C	华夏基金	纯债型基金	2013-3-8
嘉实增强信用	嘉实基金	纯债型基金	2013-3-8
鹏华国有企业债	鹏华基金	债券型基金	2013-3-8
鹏华双债增利	鹏华基金	债券型基金	2013-3-13
交银理财 60 天 A	交银施罗德基金	货币型基金	2013-3-13
交银理财 60 天 B	交银施罗德基金	货币型基金	2013-3-13
长盛纯债 C	长盛基金	纯债型基金	2013-3-13
长盛纯债 A	长盛基金	纯债型基金	2013-3-13
海富通现金管理货币 A	海富通基金	货币型基金	2013-3-13
海富通现金管理货币 B	海富通基金	货币型基金	2013-3-13
融通七天理财 A	融通基金	货币型基金	2013-3-14
融通七天理财 B	融通基金	货币型基金	2013-3-14
华夏双债增强 A	华夏基金	混合型基金	2013-3-14

（续表）

名　　称	管理公司	投资类型	基金成立日
华夏双债增强 C	华夏基金	混合型基金	2013-3-14
华商价值共享灵活配置	华商基金	混合型基金	2013-3-18
中银标普全球精选	中银基金	QDII 基金	2013-3-19
泰达宏利信用合利 B	泰达宏利基金	纯债型基金	2013-3-19
泰达宏利信用合利 A	泰达宏利基金	纯债型基金	2013-3-19
华夏一年定期开放	华夏基金	混合型基金	2013-3-19
景顺长城品质投资	景顺长城基金	股票型基金	2013-3-19
中海可转换债券 A	中海基金	债券型基金	2013-3-20
中海可转换债券 C	中海基金	债券型基金	2013-3-20
财通中证 100 增强	财通基金	指数型基金	2013-3-22
嘉实中证 500ETF 联接	嘉实基金	指数型基金	2013-3-22
浦银安盛战略新兴产业	浦银安盛基金	混合型基金	2013-3-25
农银汇理低估值高增长	农银汇理基金	股票型基金	2013-3-26
融通标普中国可转债 C	融通基金	债券型基金	2013-3-26
融通标普中国可转债 A	融通基金	债券型基金	2013-3-26
大摩双利增强 A	摩根士丹利华鑫基金	纯债型基金	2013-3-26
大摩双利增强 C	摩根士丹利华鑫基金	纯债型基金	2013-3-26
大成现金宝 B	大成基金	货币型基金	2013-3-27
大成现金宝 A	大成基金	货币型基金	2013-3-27
诺安纯债 A	诺安基金	封闭式基金	2013-3-27
诺安纯债 C	诺安基金	纯债型基金	2013-3-27
财通可持续发展主题	财通基金	股票型基金	2013-3-27
工银瑞信安心增利 A	工银瑞信基金	货币型基金	2013-3-28
工银瑞信安心增利 B	工银瑞信基金	货币型基金	2013-3-28
建信央视财经 50A	建信基金	封闭式基金	2013-3-28
建信央视财经 50	建信基金	指数型基金	2013-3-28
建信央视财经 50B	建信基金	封闭式基金	2013-3-28
华夏上证主要消费 ETF	华夏基金	指数型基金	2013-3-28
华夏上证能源 ETF	华夏基金	指数型基金	2013-3-28
华夏上证医药卫生 ETF	华夏基金	指数型基金	2013-3-28
华夏上证原材料 ETF	华夏基金	指数型基金	2013-3-28
华夏上证金融地产 ETF	华夏基金	指数型基金	2013-3-28
易方达保证金 A	易方达基金	货币型基金	2013-3-29

（续表）

名　　称	管理公司	投资类型	基金成立日
易方达保证金 B	易方达基金	货币型基金	2013-3-29
申万菱信定期开放	申万菱信基金	封闭式基金	2013-3-29
工银瑞信产业债 B	工银瑞信基金	债券型基金	2013-3-29
工银瑞信产业债 A	工银瑞信基金	债券型基金	2013-3-29
银河沪深 300 成长 B	银河基金	封闭式基金	2013-3-29
银河沪深 300 成长 A	银河基金	封闭式基金	2013-3-29
银河沪深 300 成长	银河基金	指数型基金	2013-3-29
银华交易货币	银华基金	货币型基金	2013-4-1
华商大盘量化精选	华商基金	混合型基金	2013-4-9
广发中证 500ETF	广发基金	指数型基金	2013-4-11
华夏兴华	华夏基金	混合型基金	2013-4-12
富国宏观策略	富国基金	混合型基金	2013-4-12
民生加银转债优选 A	民生加银基金	债券型基金	2013-4-18
民生加银转债优选 C	民生加银基金	债券型基金	2013-4-18
长城久利保本	长城基金	保本型基金	2013-4-18
交银双轮动 C	交银施罗德基金	纯债型基金	2013-4-18
交银双轮动 AB	交银施罗德基金	纯债型基金	2013-4-18
招商安润保本	招商基金	保本型基金	2013-4-19
博时安盈 A	博时基金	纯债型基金	2013-4-23
博时安盈 C	博时基金	纯债型基金	2013-4-23
鹏华丰利 B	鹏华基金	封闭式基金	2013-4-23
鹏华丰利 A	鹏华基金	纯债型基金	2013-4-23
国联安保本	国联安基金	保本型基金	2013-4-23
长盛上证市值百强 ETF	长盛基金	指数型基金	2013-4-24
交银荣祥保本	交银施罗德基金	保本型基金	2013-4-24
易方达信用债 C	易方达基金	纯债型基金	2013-4-24
英大纯债 C	英大基金	纯债型基金	2013-4-24
英大纯债 A	英大基金	纯债型基金	2013-4-24
易方达信用债 A	易方达基金	纯债型基金	2013-4-24
华富保本	华富基金	保本型基金	2013-4-24
民生加银家盈月度 A	民生加银基金	货币型基金	2013-4-25
民生加银家盈月度 B	民生加银基金	货币型基金	2013-4-25
国泰纳斯达克 100ETF	国泰基金	QDII 基金	2013-4-25

（续表）

名　　称	管理公司	投资类型	基金成立日
中银消费主题	中银基金	股票型基金	2013-4-25
南方永利 1 年	南方基金	混合型基金	2013-4-25
德邦企债分级	德邦基金	纯债型基金	2013-4-25
德邦企债分级 A	德邦基金	封闭式基金	2013-4-25
东吴鼎利 B	东吴基金	封闭式基金	2013-4-25
东吴鼎利 A	东吴基金	纯债型基金	2013-4-25
德邦企债分级 B	德邦基金	封闭式基金	2013-4-25
国泰境外高收益	国泰基金	QDII 基金	2013-4-26
华宸未来沪深 300	华宸未来基金	指数型基金	2013-4-26
金鹰元盛分级 B	金鹰基金	封闭式基金	2013-5-2
金鹰元盛分级 A	金鹰基金	纯债型基金	2013-5-2
诺安鸿鑫保本	诺安基金	保本型基金	2013-5-3
汇添富消费行业	汇添富基金	股票型基金	2013-5-3
鹏华实业债纯债	鹏华基金	纯债型基金	2013-5-3
南方中债中期票据 A	南方基金	纯债型基金	2013-5-3
南方中债中期票据 C	南方基金	纯债型基金	2013-5-3
国富焦点驱动灵活配置	国海富兰克林基金	混合型基金	2013-5-7
万家强化收益	万家基金	封闭式基金	2013-5-7
景顺长城 300 等权 ETF	景顺长城基金	指数型基金	2013-5-7
广发聚源定期开放 A	广发基金	封闭式基金	2013-5-8
广发聚源定期开放 C	广发基金	纯债型基金	2013-5-8
信诚新双盈 A	信诚基金	纯债型基金	2013-5-9
信诚新双盈 B	信诚基金	纯债型基金	2013-5-9
嘉实中证中期国债 ETF	嘉实基金	纯债型基金	2013-5-10
嘉实中期国债 ETF 联接 A	嘉实基金	纯债型基金	2013-5-10
嘉实中期国债 ETF 联接 C	嘉实基金	纯债型基金	2013-5-10
长盛上证市值百强 ETF 联接	长盛基金	指数型基金	2013-5-10
信达澳银信用债 C	信达澳银基金	债券型基金	2013-5-14
中欧价值智选回报	中欧基金	混合型基金	2013-5-14
信达澳银信用债 A	信达澳银基金	债券型基金	2013-5-14
建信安心回报 C	建信基金	纯债型基金	2013-5-14
建信安心回报 A	建信基金	纯债型基金	2013-5-14
国投瑞银中高等级 C	国投瑞银基金	纯债型基金	2013-5-14

（续表）

名　　称	管理公司	投资类型	基金成立日
国投瑞银中高等级 A	国投瑞银基金	纯债型基金	2013-5-14
华安保本	华安基金	保本型基金	2013-5-14
上投摩根成长动力	上投摩根基金	混合型基金	2013-5-15
浦银安盛 6 个月 A	浦银安盛基金	纯债型基金	2013-5-16
浦银安盛 6 个月 C	浦银安盛基金	纯债型基金	2013-5-16
招商保证金快线 B	招商基金	货币型基金	2013-5-17
招商保证金快线 A	招商基金	货币型基金	2013-5-17
金鹰元安保本	金鹰基金	保本型基金	2013-5-20
富国信用增强 C	富国基金	债券型基金	2013-5-21
富国信用增强 AB	富国基金	债券型基金	2013-5-21
嘉实丰益纯债	嘉实基金	纯债型基金	2013-5-21
工银信用纯债一年 C	工银瑞信基金	纯债型基金	2013-5-22
工银信用纯债一年 A	工银瑞信基金	纯债型基金	2013-5-22
银华中证成长股债	银华基金	混合型基金	2013-5-22
华安安信消费服务	华安基金	股票型基金	2013-5-23
大成景安短融 B	大成基金	纯债型基金	2013-5-24
大成景安短融 A	大成基金	纯债型基金	2013-5-24
鹏华双债加利	鹏华基金	债券型基金	2013-5-27
嘉实研究阿尔法	嘉实基金	股票型基金	2013-5-28
广发轮动配置	广发基金	股票型基金	2013-5-28
工银瑞信标普全球资源	工银瑞信基金	QDII 基金	2013-5-28
天弘增利宝	天弘基金	货币型基金	2013-5-29
汇添富理财 7 天 A	汇添富基金	货币型基金	2013-5-29
汇添富理财 7 天 B	汇添富基金	货币型基金	2013-5-29
海富通养老收益	海富通基金	混合型基金	2013-5-29
融通通泰保本	融通基金	保本型基金	2013-5-30
大成景兴信用债 A	大成基金	混合型基金	2013-6-4
大成景兴信用债 C	大成基金	混合型基金	2013-6-4
嘉实如意宝 AB	嘉实基金	纯债型基金	2013-6-4
嘉实如意宝 C	嘉实基金	纯债型基金	2013-6-4
天治可转债增强 C	天治基金	纯债型基金	2013-6-4
天治可转债增强 A	天治基金	纯债型基金	2013-6-4
新华行业轮换	新华基金	混合型基金	2013-6-5

（续表）

名　　　称	管理公司	投资类型	基金成立日
广发聚鑫 A	广发基金	债券型基金	2013-6-5
广发聚鑫 C	广发基金	债券型基金	2013-6-5
交银施罗德成长 30	交银施罗德基金	股票型基金	2013-6-5
中银美丽中国	中银基金	股票型基金	2013-6-7
民生加银策略精选	民生加银基金	混合型基金	2013-6-7
泰达宏利高票息 B	泰达宏利基金	纯债型基金	2013-6-14
汇添富实业债 A	汇添富基金	纯债型基金	2013-6-14
泰达宏利高票息 A	泰达宏利基金	纯债型基金	2013-6-14
汇添富实业债 C	汇添富基金	纯债型基金	2013-6-14
长盛季季红 1 年期 A	长盛基金	纯债型基金	2013-6-14
长盛季季红 1 年期 C	长盛基金	纯债型基金	2013-6-14
建信消费升级	建信基金	混合型基金	2013-6-14
华安双债添利 A	华安基金	纯债型基金	2013-6-14
浦银安盛季季添利 C	浦银安盛基金	纯债型基金	2013-6-14
浦银安盛季季添利 A	浦银安盛基金	纯债型基金	2013-6-14
华安双债添利 C	华安基金	纯债型基金	2013-6-14
嘉实美国成长人民币	嘉实基金	QDII 基金	2013-6-14
嘉实美国成长美元现汇	嘉实基金	QDII 基金	2013-6-14
诺安信用债	诺安基金	纯债型基金	2013-6-18
广发理财 7 天 B	广发基金	货币型基金	2013-6-20
广发理财 7 天 A	广发基金	货币型基金	2013-6-20
工银信用纯债两年 A	工银瑞信基金	纯债型基金	2013-6-24
工银信用纯债两年 C	工银瑞信基金	纯债型基金	2013-6-24
农银汇理行业领先	农银汇理基金	股票型基金	2013-6-25
富国信用债 C	富国基金	纯债型基金	2013-6-25
富国信用债 A	富国基金	纯债型基金	2013-6-25
汇添富美丽 30	汇添富基金	股票型基金	2013-6-25
大摩纯债稳定增利	摩根士丹利华鑫基金	纯债型基金	2013-6-25
工银瑞信保本 3 号 B	工银瑞信基金	保本型基金	2013-6-26
工银瑞信保本 3 号 A	工银瑞信基金	保本型基金	2013-6-26
博时岁岁增利	博时基金	纯债型基金	2013-6-26
国联安中证股债动态	国联安基金	混合型基金	2013-6-26
华宝兴业服务优选	华宝兴业基金	股票型基金	2013-6-27

名　　称	管理公司	投资类型	基金成立日
富国一年期纯债	富国基金	纯债型基金	2013-6-27
汇添富高息债 C	汇添富基金	纯债型基金	2013-6-27
汇添富高息债 A	汇添富基金	纯债型基金	2013-6-27
东方安心收益保本	东方基金	保本型基金	2013-7-3
上投摩根 180 高贝塔 ETF	上投摩根基金	指数型基金	2013-7-8
博时上证企债 30ETF	博时基金	纯债型基金	2013-7-11
博时内需增长灵活配置	博时基金	混合型基金	2013-7-15
泰信鑫益 C	泰信基金	纯债型基金	2013-7-17
泰信鑫益 A	泰信基金	纯债型基金	2013-7-17
东方利群	东方基金	混合型基金	2013-7-17
信诚新兴产业	信诚基金	股票型基金	2013-7-17
银河增利 A	银河基金	债券型基金	2013-7-17
银河增利 C	银河基金	债券型基金	2013-7-17
国泰黄金 ETF	国泰基金	商品型基金	2013-7-18
华安黄金 ETF	华安基金	商品型基金	2013-7-18
上投摩根天颐年丰	上投摩根基金	混合型基金	2013-7-18
天弘稳利 A	天弘基金	纯债型基金	2013-7-19
天弘稳利 B	天弘基金	纯债型基金	2013-7-19
鹏华沪深 300ETF	鹏华基金	指数型基金	2013-7-19
大成景旭纯债 C	大成基金	纯债型基金	2013-7-23
南方稳利 1 年	南方基金	纯债型基金	2013-7-23
大成景旭纯债 A	大成基金	纯债型基金	2013-7-23
国富日日收益 A	国海富兰克林基金	货币型基金	2013-7-24
国富日日收益 B	国海富兰克林基金	货币型基金	2013-7-24
安信宝利分级 A	安信基金	混合型基金	2013-7-24
安信宝利分级 B	安信基金	保本型基金	2013-7-24
博时月月薪	博时基金	纯债型基金	2013-7-25
建信双债增强 C	建信基金	混合型基金	2013-7-25
建信双债增强 A	建信基金	混合型基金	2013-7-25
国金通用沪深 300A	国金通用基金	封闭式基金	2013-7-26
国金通用沪深 300	国金通用基金	指数型基金	2013-7-26
国金通用沪深 300B	国金通用基金	封闭式基金	2013-7-26
博时裕益灵活配置	博时基金	混合型基金	2013-7-29

(续表)

名 称	管理公司	投资类型	基金成立日
嘉实丰益策略	嘉实基金	纯债型基金	2013-7-30
景顺长城四季金利 A	景顺长城基金	纯债型基金	2013-7-30
景顺长城四季金利 C	景顺长城基金	纯债型基金	2013-7-30
易方达纯债 1 年 C	易方达基金	纯债型基金	2013-7-30
易方达纯债 1 年 A	易方达基金	纯债型基金	2013-7-30
中海安鑫保本	中海基金	保本型基金	2013-7-31
招商沪深 300 高贝塔	招商基金	指数型基金	2013-8-1
招商沪深 300 高贝塔 A	招商基金	封闭式基金	2013-8-1
招商沪深 300 高贝塔 B	招商基金	封闭式基金	2013-8-1
民生加银岁岁增利 C	民生加银基金	纯债型基金	2013-8-1
民生加银岁岁增利 A	民生加银基金	纯债型基金	2013-8-1
华泰柏瑞量化指数	华泰柏瑞基金	指数型基金	2013-8-2
华安纳斯达克 100 人民币	华安基金	QDII 基金	2013-8-2
华安纳斯达克 100 美元现钞	华安基金	QDII 基金	2013-8-2
华安纳斯达克 100 美元现汇	华安基金	QDII 基金	2013-8-2
银华信用四季红	银华基金	纯债型基金	2013-8-7
富国医疗保健行业	富国基金	股票型基金	2013-8-7
景顺长城策略精选	景顺长城基金	混合型基金	2013-8-7
国泰美国房地产开发	国泰基金	QDII 基金	2013-8-7
中银盛利纯债一年	中银基金	纯债型基金	2013-8-8
银河岁岁回报 C	银河基金	纯债型基金	2013-8-9
银河岁岁回报 A	银河基金	纯债型基金	2013-8-9
广发美国房地产人民币	广发基金	QDII 基金	2013-8-9
广发美国房地产美元	广发基金	QDII 基金	2013-8-9
长盛年年收益 C	长盛基金	纯债型基金	2013-8-9
长盛年年收益 A	长盛基金	纯债型基金	2013-8-9
国泰目标收益保本	国泰基金	保本型基金	2013-8-12
民生加银平稳添利 C	民生加银基金	纯债型基金	2013-8-12
民生加银平稳添利 A	民生加银基金	封闭式基金	2013-8-12
交银定期支付月月丰 C	交银施罗德基金	债券型基金	2013-8-13
交银定期支付月月丰 A	交银施罗德基金	债券型基金	2013-8-13
华夏永福养老理财	华夏基金	混合型基金	2013-8-13
工银瑞信月月薪	工银瑞信基金	债券型基金	2013-8-14

名　　称	管理公司	投资类型	基金成立日
银华中证转债	银华基金	纯债型基金	2013-8-15
银华中证转债 A	银华基金	封闭式基金	2013-8-15
银华中证转债 B	银华基金	封闭式基金	2013-8-15
信诚中证 800 医药	信诚基金	指数型基金	2013-8-16
信诚中证 800 医药 A	信诚基金	封闭式基金	2013-8-16
信诚中证 800 医药 B	信诚基金	封闭式基金	2013-8-16
华宸未来信用增利	华宸未来基金	纯债型基金	2013-8-20
农银汇理区间收益	农银汇理基金	混合型基金	2013-8-21
广发集利一年 C	广发基金	纯债型基金	2013-8-21
广发集利一年 A	广发基金	纯债型基金	2013-8-21
嘉实丰益信用	嘉实基金	纯债型基金	2013-8-21
诺安稳固收益	诺安基金	纯债型基金	2013-8-21
中欧成长优选回报	中欧基金	混合型基金	2013-8-21
国联安中证医药 100	国联安基金	指数型基金	2013-8-21
国投瑞银岁添利 A	国投瑞银基金	纯债型基金	2013-8-21
国投瑞银岁添利 C	国投瑞银基金	纯债型基金	2013-8-21
博时安丰 18 个月	博时基金	纯债型基金	2013-8-22
华安易富黄金 ETF 联接 A	华安基金	商品型基金	2013-8-22
华安易富黄金 ETF 联接 C	华安基金	商品型基金	2013-8-22
易方达裕丰回报	易方达基金	债券型基金	2013-8-23
易方达高等级信用债 C	易方达基金	纯债型基金	2013-8-23
易方达高等级信用债 A	易方达基金	纯债型基金	2013-8-23
汇添富中证主要消费 ETF	汇添富基金	指数型基金	2013-8-23
汇添富中证金融地产 ETF	汇添富基金	指数型基金	2013-8-23
汇添富中证医药卫生 ETF	汇添富基金	指数型基金	2013-8-23
汇添富中证能源 ETF	汇添富基金	指数型基金	2013-8-23
景顺长城景兴信用纯债 C	景顺长城基金	纯债型基金	2013-8-26
景顺长城景兴信用纯债 A	景顺长城基金	纯债型基金	2013-8-26
工银瑞信金融地产	工银瑞信基金	股票型基金	2013-8-26
上投摩根岁岁盈 C	上投摩根基金	纯债型基金	2013-8-28
上投摩根岁岁盈 A	上投摩根基金	纯债型基金	2013-8-28
国泰国证医药卫生 B	国泰基金	封闭式基金	2013-8-29
国泰国证医药卫生 A	国泰基金	封闭式基金	2013-8-29

（续表）

名　　称	管理公司	投资类型	基金成立日
国泰国证医药卫生	国泰基金	指数型基金	2013-8-29
信诚中证 800 有色 A	信诚基金	封闭式基金	2013-8-30
信诚中证 800 有色	信诚基金	指数型基金	2013-8-30
信诚中证 800 有色 B	信诚基金	封闭式基金	2013-8-30
融通通泽一年	融通基金	混合型基金	2013-8-30
华泰柏瑞丰盛纯债 A	华泰柏瑞基金	纯债型基金	2013-9-2
华泰柏瑞丰盛纯债 C	华泰柏瑞基金	纯债型基金	2013-9-2
建信安心保本	建信基金	保本型基金	2013-9-3
交银定期支付双息平衡	交银施罗德基金	混合型基金	2013-9-4
光大现金宝 B	光大保德信基金	货币型基金	2013-9-5
光大现金宝 A	光大保德信基金	货币型基金	2013-9-5
汇添富年年利 A	汇添富基金	纯债型基金	2013-9-6
汇添富年年利 C	汇添富基金	纯债型基金	2013-9-6
长城增强收益 A	长城基金	纯债型基金	2013-9-6
长城增强收益 C	长城基金	纯债型基金	2013-9-6
鹏华丰实 A	鹏华基金	纯债型基金	2013-9-10
鹏华丰实 B	鹏华基金	纯债型基金	2013-9-10
易方达投资级信用债 C	易方达基金	纯债型基金	2013-9-10
易方达投资级信用债 A	易方达基金	纯债型基金	2013-9-10
中银保本二号	中银基金	保本型基金	2013-9-10
天弘弘利	天弘基金	债券型基金	2013-9-11
广发趋势优选	广发基金	混合型基金	2013-9-11
华润元大保本	华润元大基金	保本型基金	2013-9-11
新华趋势领航	新华基金	股票型基金	2013-9-11
广发聚优灵活配置	广发基金	混合型基金	2013-9-11
方正富邦互利定期开放	方正富邦基金	纯债型基金	2013-9-11
汇添富现金宝	汇添富基金	货币型基金	2013-9-12
大成中证 500 深市 ETF	大成基金	指数型基金	2013-9-12
中海惠丰纯债 A	中海基金	纯债型基金	2013-9-12
中海惠丰纯债 B	中海基金	封闭式基金	2013-9-12
信诚季季定期支付	信诚基金	债券型基金	2013-9-12
富国创业板 A	富国基金	封闭式基金	2013-9-12
富国创业板 B	富国基金	封闭式基金	2013-9-12

（续表）

名　称	管理公司	投资类型	基金成立日
富国创业板指数分级	富国基金	指数型基金	2013-9-12
富国两年期纯债	富国基金	纯债型基金	2013-9-13
博时双债增强 A	博时基金	纯债型基金	2013-9-13
博时双债增强 C	博时基金	纯债型基金	2013-9-13
德邦德利货币 A	德邦基金	货币型基金	2013-9-16
德邦德利货币 B	德邦基金	货币型基金	2013-9-16
建信周盈安心理财 A	建信基金	货币型基金	2013-9-17
建信周盈安心理财 B	建信基金	货币型基金	2013-9-17
天弘同利分级 A	天弘基金	纯债型基金	2013-9-17
天弘同利分级 B	天弘基金	封闭式基金	2013-9-17
国投瑞银沪深 300 金融地产 ETF	国投瑞银基金	指数型基金	2013-9-17
华商红利优选	华商基金	混合型基金	2013-9-17
鹏华双债保利	鹏华基金	债券型基金	2013-9-18
银华信用季季红	银华基金	纯债型基金	2013-9-18
上投摩根红利回报	上投摩根基金	混合型基金	2013-9-18
易方达沪深 300 医药卫生 ETF	易方达基金	指数型基金	2013-9-23
中银互利 B	中银基金	封闭式基金	2013-9-24
中银互利 A	中银基金	纯债型基金	2013-9-24
建信创新中国	建信基金	股票型基金	2013-9-24
长盛双月红 1 年期 A	长盛基金	纯债型基金	2013-9-24
长盛双月红 1 年期 C	长盛基金	纯债型基金	2013-9-24
鹏华丰泰	鹏华基金	纯债型基金	2013-9-24
富国国有企业债 AB	富国基金	纯债型基金	2013-9-25
富国国有企业债 C	富国基金	纯债型基金	2013-9-25
工银瑞信双债增强	工银瑞信基金	封闭式基金	2013-9-25
国投瑞银策略精选	国投瑞银基金	混合型基金	2013-9-27
华安沪深 300 量化 C	华安基金	指数型基金	2013-9-27
华安沪深 300 量化 A	华安基金	指数型基金	2013-9-27
大成景丰	大成基金	债券型基金	2013-10-16
民生加银现金宝	民生加银基金	货币型基金	2013-10-18
中加货币 C	中加基金	货币型基金	2013-10-21
中加货币 A	中加基金	货币型基金	2013-10-21
广发天天红	广发基金	货币型基金	2013-10-22

名　　称	管理公司	投资类型	基金成立日
鹏华丰信分级 B	鹏华基金	混合型基金	2013-10-22
鹏华丰信分级 A	鹏华基金	混合型基金	2013-10-22
融通通祥一年	融通基金	混合型基金	2013-10-22
博时双月薪	博时基金	纯债型基金	2013-10-22
鹏华全球高收益债	鹏华基金	QDII 基金	2013-10-22
易方达易理财	易方达基金	货币型基金	2013-10-24
海富通一年定期开放	海富通基金	混合型基金	2013-10-24
华夏财富宝	华夏基金	货币型基金	2013-10-25
富安达信用主题轮动 B	富安达基金	纯债型基金	2013-10-25
富安达信用主题轮动 A	富安达基金	纯债型基金	2013-10-25
华润元大现金收益 A	华润元大基金	货币型基金	2013-10-29
华润元大现金收益 B	华润元大基金	货币型基金	2013-10-29
景顺长城沪深 300	景顺长城基金	指数型基金	2013-10-29
大摩品质生活精选	摩根士丹利华鑫基金	股票型基金	2013-10-29
万家上证 380ETF	万家基金	指数型基金	2013-10-31
工银瑞信添福 A	工银瑞信基金	债券型基金	2013-10-31
工银瑞信添福 B	工银瑞信基金	债券型基金	2013-10-31
农银汇理研究精选	农银汇理基金	混合型基金	2013-11-5
建信安心回报两年 C	建信基金	混合型基金	2013-11-5
建信安心回报两年 A	建信基金	混合型基金	2013-11-5
银华中证 800A	银华基金	封闭式基金	2013-11-5
诺安泰鑫一年	诺安基金	纯债型基金	2013-11-5
银华中证 800 等权重	银华基金	指数型基金	2013-11-5
银华中证 800B	银华基金	封闭式基金	2013-11-5
中邮定期开放 C	中邮创业基金	纯债型基金	2013-11-5
中邮定期开放 A	中邮创业基金	纯债型基金	2013-11-5
汇添富互利分级 A	汇添富基金	纯债型基金	2013-11-6
汇添富互利分级 B	汇添富基金	封闭式基金	2013-11-6
汇添富沪深 300 安中动态策略	汇添富基金	指数型基金	2013-11-6
招商瑞丰	招商基金	混合型基金	2013-11-6
中银惠利纯债	中银基金	纯债型基金	2013-11-7
广发中债金融债 C	广发基金	指数型基金	2013-11-7
广发中债金融债 A	广发基金	指数型基金	2013-11-7

（续表）

名　　称	管理公司	投资类型	基金成立日
安信永利信用 C	安信基金	纯债型基金	2013-11-8
安信永利信用 A	安信基金	纯债型基金	2013-11-8
博时灵活配置	博时基金	混合型基金	2013-11-8
工银瑞信信息产业	工银瑞信基金	股票型基金	2013-11-11
南方丰元信用增强 C	南方基金	混合型基金	2013-11-12
南方丰元信用增强 A	南方基金	混合型基金	2013-11-12
长盛城镇化主题	长盛基金	股票型基金	2013-11-12
景顺长城景颐双利 C	景顺长城基金	债券型基金	2013-11-13
景顺长城景颐双利 A	景顺长城基金	债券型基金	2013-11-13
华泰柏瑞季季红	华泰柏瑞基金	混合型基金	2013-11-13
新华安享惠金 A	新华基金	纯债型基金	2013-11-13
新华安享惠金 C	新华基金	纯债型基金	2013-11-13
易方达聚盈 A	易方达基金	纯债型基金	2013-11-14
易方达聚盈 B	易方达基金	纯债型基金	2013-11-14
泰达宏利瑞利 A	泰达宏利基金	纯债型基金	2013-11-14
泰达宏利瑞利 B	泰达宏利基金	纯债型基金	2013-11-14
华安年年红	华安基金	纯债型基金	2013-11-14
国泰淘金互联网	国泰基金	纯债型基金	2013-11-19
大成景祥 A	大成基金	混合型基金	2013-11-19
大成景祥 B	大成基金	封闭式基金	2013-11-19
鹏华丰融	鹏华基金	纯债型基金	2013-11-19
国富岁岁恒丰 C	国海富兰克林基金	混合型基金	2013-11-20
国富岁岁恒丰 A	国海富兰克林基金	混合型基金	2013-11-20
中海惠利纯债 A	中海基金	纯债型基金	2013-11-21
中海惠利纯债 B	中海基金	保本型基金	2013-11-21
汇添富安心中国 A	汇添富基金	纯债型基金	2013-11-22
汇添富安心中国 C	汇添富基金	纯债型基金	2013-11-22
上投摩根转型动力	上投摩根基金	混合型基金	2013-11-25
景顺长城景益货币 B	景顺长城基金	货币型基金	2013-11-26
景顺长城景益货币 A	景顺长城基金	货币型基金	2013-11-26
嘉实新兴市场 B	嘉实基金	QDII 基金	2013-11-26
嘉实新兴市场 A	嘉实基金	QDII 基金	2013-11-26
万家市政纯债	万家基金	纯债型基金	2013-11-27

(续表)

名　称	管理公司	投资类型	基金成立日
信诚年年有余 B	信诚基金	混合型基金	2013-11-27
信诚年年有余 A	信诚基金	混合型基金	2013-11-27
华安生态优先	华安基金	股票型基金	2013-11-28
易方达新兴成长	易方达基金	配置型基金	2013-11-28
中欧纯债添利 A	中欧基金	纯债型基金	2013-11-28
中欧纯债添利 B	中欧基金	封闭式基金	2013-11-28
南方聚利 1 年	南方基金	纯债型基金	2013-11-28
广发亚太中高收益人民币	广发基金	QDII 基金	2013-11-28
广发亚太中高收益美元	广发基金	QDII 基金	2013-11-28
长信纯债一年 A	长信基金	纯债型基金	2013-11-29
易方达黄金 ETF	易方达基金	商品型基金	2013-11-29
长信纯债一年 C	长信基金	纯债型基金	2013-11-29
广发现金宝 B	广发基金	货币型基金	2013-12-2
广发现金宝 A	广发基金	货币型基金	2013-12-2
汇添富双利增强 C	汇添富基金	债券型基金	2013-12-3
汇添富双利增强 A	汇添富基金	债券型基金	2013-12-3
新华壹诺宝	新华基金	货币型基金	2013-12-3
平安大华日增利	平安大华基金	货币型基金	2013-12-3
道富增鑫一年 A	道富基金	混合型基金	2013-12-3
道富增鑫一年 C	道富基金	混合型基金	2013-12-3
新华信用增益 A	新华基金	债券型基金	2013-12-4
新华信用增益 C	新华基金	债券型基金	2013-12-4
华安中证细分医药 ETF	华安基金	指数型基金	2013-12-4
华安中证细分地产 ETF	华安基金	指数型基金	2013-12-4
浦银安盛消费升级	浦银安盛基金	混合型基金	2013-12-4
海富通双利分级 A	海富通基金	混合型基金	2013-12-4
海富通双利分级 B	海富通基金	混合型基金	2013-12-4
中银中高等级	中银基金	纯债型基金	2013-12-5
博时标普 500ETF	博时基金	QDII 基金	2013-12-5
嘉实绝对收益策略	嘉实基金	混合型基金	2013-12-6
富国恒利分级 A	富国基金	混合型基金	2013-12-9
富国恒利分级 B	富国基金	混合型基金	2013-12-9
长盛添利宝 B	长盛基金	货币型基金	2013-12-9

（续表）

名　　称	管理公司	投资类型	基金成立日
长盛添利宝 A	长盛基金	货币型基金	2013-12-9
汇添富新收益	汇添富基金	债券型基金	2013-12-10
建信稳定添利	建信基金	债券型基金	2013-12-10
融通通福 B	融通基金	封闭式基金	2013-12-10
融通通福 A	融通基金	混合型基金	2013-12-10
广发全球医疗保健美元	广发基金	QDII 基金	2013-12-10
广发全球医疗保健人民币	广发基金	QDII 基金	2013-12-10
嘉实保证金理财 B	嘉实基金	货币型基金	2013-12-11
嘉实保证金理财 A	嘉实基金	货币型基金	2013-12-11
上投摩根双债增利 A	上投摩根基金	债券型基金	2013-12-11
上投摩根双债增利 C	上投摩根基金	债券型基金	2013-12-11
华商优势行业	华商基金	混合型基金	2013-12-11
招商标普高收益美元	招商基金	QDII 基金	2013-12-11
招商标普高收益人民币	招商基金	QDII 基金	2013-12-11
招商标普高收益港币	招商基金	QDII 基金	2013-12-11
广发成长优选	广发基金	混合型基金	2013-12-11
民生加银城镇化	民生加银基金	混合型基金	2013-12-12
汇添富全额宝	汇添富基金	货币型基金	2013-12-13
景顺长城成长之星	景顺长城基金	股票型基金	2013-12-13
益民服务领先	益民基金	混合型基金	2013-12-13
国金通用鑫盈货币	国金通用基金	货币型基金	2013-12-16
易方达裕惠回报	易方达基金	债券型基金	2013-12-17
国泰聚信价值优势 C	国泰基金	混合型基金	2013-12-17
国泰聚信价值优势 A	国泰基金	混合型基金	2013-12-17
嘉实活期宝	嘉实基金	货币型基金	2013-12-18
农银汇理 14 天理财 A	农银汇理基金	货币型基金	2013-12-18
农银汇理 14 天理财 B	农银汇理基金	货币型基金	2013-12-18
华富恒鑫 A	华富基金	债券型基金	2013-12-18
华富恒鑫 C	华富基金	债券型基金	2013-12-18
中银理财 21 天 B	中银基金	货币型基金	2013-12-19
中银理财 21 天 A	中银基金	货币型基金	2013-12-19
海富通内需热点	海富通基金	股票型基金	2013-12-19
前海开源事件驱动	前海开源基金	混合型基金	2013-12-19

名　称	管理公司	投资类型	基金成立日
信诚中证 800 金融 A	信诚基金	封闭式基金	2013-12-20
信诚中证 800 金融 B	信诚基金	封闭式基金	2013-12-20
信诚中证 800 金融	信诚基金	指数型基金	2013-12-20
国开泰富岁月鎏金 A	国开泰富基金	混合型基金	2013-12-23
国开泰富岁月鎏金 C	国开泰富基金	混合型基金	2013-12-23
嘉实 1 个月理财 A	嘉实基金	货币型基金	2013-12-24
嘉实 1 个月理财 E	嘉实基金	货币型基金	2013-12-24
交银荣泰保本	交银施罗德基金	保本型基金	2013-12-25
景顺长城中证 500ETF	景顺长城基金	指数型基金	2013-12-26
国泰淘新灵活配置	国泰基金	配置型基金	2013-12-30
鑫元货币 A	鑫元基金	货币型基金	2013-12-30
鑫元货币 B	鑫元基金	货币型基金	2013-12-30
信诚月月定期支付	信诚基金	纯债型基金	2013-12-30
安信鑫发优选	安信基金	混合型基金	2013-12-31
融通通源一年	融通基金	配置型基金	2013-12-31

五、保险产品分析

本章概要

2013 年,保险行业在蓬勃发展的同时,也站在了新的起点,从养老社区投资到新农合建设、从农险覆盖面扩大到环境责任保险试点启动……保险业正在努力提高科学发展和服务经济社会全局的能力,在探索中国特色保险业发展道路和保障民生方面取得显著成就。其实早在 2012 年项俊波提出的"抓服务、严监管、防风险、促发展"十二字方针中,已经充分表明了保险重心的转变势头——终将回归服务之本源。2013 年,各家保险机构在不断进行完善保险产品创新的同时,也在服务上下足了功夫,不但提高了保险从业人员的学历要求,也拓宽了保险的销售渠道。

2013 年,保险行业在交易本质、销售渠道和核心竞争力上发生了本质蜕变。过去保险公司的核心竞争力是产品创新和资产管理,2013 年保险公司的核心竞争力是创新销售模式。早在 2012 年,随着网络销售渠道的火爆,更多的保险机构纷纷加入了网销的大军中。而随着网络科技的发展,保险销售模式终将走入终极渠道。这也意味着在保险销售的过程中谁先掌握了最优化的销售模式,谁就最大可能地占有市场。

随着人们财富的增长,对于生活质量的要求会不断提高,对理财的需求也会越来越主动,对人身保险的意识也在不断增强。2013 年,保险交易本质也有了新的变化,理性消费和主动消费越来越多,那些只为夺人眼球的保险噱头产品也是备受冷落。

总体来讲,中国保险业在 2013 年迎来了"百花齐放、百家争鸣"的新时代。

(一) 保险费率的调整引发新产品不断出现

中国保监会在 2013 年的 8 月初宣布,普通型人身保险费率改革正式启动。从 8 月 5 日起,执行长达 14 年之久的 2.5% 上限的普通人身保险预定利率不再适用,利率可由保险公司按原则自行决定。所谓预定利率是指保险公司在产品定价时,根据公司对未来资金运用收益率的预测而为保单假设的每年收益率,通俗地说就是保险公司提供给投保人的回报率。事实上,1999年以前是保险公司自由定价的,1999年年中中国保监会才出台了2.5%的预定利率管制。延续了十几年的该利率已经低于同期的银行存款利率,严重抑制了保险需求,不符合市场发展的需要。业内人士指出,普通型人身保险费率改革正式实施后,部分保险公司为吸引消费者投保会提高利率,整个市场将实现差异化竞争。

在政策颁布的同时,各家保险机构也是积极测算新产品费率,新费率保险产品纷纷出炉,越来越多的保险公司加入到这场费率市场的"战役"中。中意人寿率先推出了市场上按照新预定利率设计的第一款终身寿险产品——"中意一生保终身保障计划",该产品作为按新预定利率设计的产品,产品与同期市场上同类型产品的相比保费下降了20%—30%。而中德安联人寿随后推出的安联安康逸生健康保障计划(B款)以及安联安康福瑞健康保障计划(B款),也是以3.5%为预定利率,保费相比以往以2.5%为预定利率的重疾产品有明显优势,根据缴费期和投保年龄的不同,保费的最高降幅可达40%。

在2013年的三、四季度,保险公司相继推出费改新产品,在第一波传统型人身险新品亮相市场不久后,保险公司也不再局限于传统险种的改革,开始着手进行其他险种的改良。例如阳光人寿保险公司于11月初新推出一款兼具理财与保障功能的"金娃娃"的升级版少儿万能险产品,此款产品在保险责任上主要突出四大功能:增加投保人豁免,增加重疾种类,增加轻症重疾,增加白血病120%给付。

(二) 保险产品花样越玩越多

随着保险市场竞争的日益激烈,以及社会对新保险品种需求的增加,保险公司开发出许多新奇的保险产品。除了我们大家一般接触的保险如寿险、意外险、车险、财产险等,还有很多小众的其他类型的保险,在日益发达的保险市场上,产品五花八门,细致入微,真可谓"只有想不到,没有买不到"。

其实我们国内的另类保险也已经推出很多年了,早在1997年中国人民保险公司就推出了电话盗打话费损失保险,每月只需交付1元就可避免因电话无故遭盗打而遭受的损失。而后也有食客安心险,雇员忠诚险,有线电话盗打险,公司绑架勒索保险,户外贵重物品抢夺、抢劫保险,甚至是高尔夫一杆进洞险等消费者闻所未闻的险种。

1. 保险噱头层出不穷

2013 年另类保险产品越来越吸引眼球,继富人险、爱情险、婚礼险之后,赏月险、单身险、游戏道具险……这些天马行空的保险理念,在互联网的大力推动下都成为了现实。

安联保险联合淘宝网于中秋前在全国 37 个城市推出的中秋赏月险可以说是 2013 年中最有代表性的另类保险产品。该产品根据保费金额设置分为两款:A 款投保价格为 20 元,理赔金额 50 元;B 款投保价格为 99 元,理赔金额 188 元。买了这款保险,被保险人所在城市在中秋节当天如果阴天或者下雨,导致被保险人不能赏月,就可获得相应的理赔,赔付款项直接汇至投保人的支付宝账户内。该保险产品一经推出就引来不少网友的各种吐槽。不管是噱头还是真心为客户,对消费者和保险公司都是一个双赢的结果,消费者在得到节日保障的同时,也使得安联财险在短时间内扩大了知名度,而从中秋节后安联财险公布的理赔结果来看,赏月险的销量还是不错,在短短的几天时间里净赚 31 万元之多,可谓盆满钵满。

2013 年"双十一"期间,各保险公司更是把噱头做到了极致。噱头网销产品出现在各大保险网络平台,"爱情险"、"土豪险"和"脱光险"应运而生。如平安推出的"脱光险"还按售价分为 11.11 元—1 111 元三档,分别为"小清新脱光"、"小奢华脱光"和"大土豪脱光"。购买该保险的客户,只要在 2014 年 11月 1—11 日期间注册结婚,就能获得保险公司"赔付"的摆脱光棍的蜜月礼金。拨开此类保险产品的外衣,其实质上还是一款意外险,有一定额度意外伤害医疗保险金,只不过额外附加了婚恋网站的增值服务。虽然大多数人认为此类产品并不靠谱,爱情并不是保险就能保障的,但也有不少"90 后"认为比较好玩,花小钱尝试也未尝不可。

除此之外,太平人寿在 11 月期间在淘宝网上售卖的"太平黄金圣斗士单身保障"的单身险产品更令人捧腹。该款单身险产品分男女性购买,投保价格99 元,保障利益除了包括 150 万元的交通意外保险金、一次相亲网站的婚恋服务外,甚至还免费推荐被保险人参加相亲节目面试。而在剥开其华丽的产品包装后,就能发现该产品实质上只是一款一年期的旅行交通意外保障。

尽管另类保险产品的花样越来越多,但多数投资者并不买账,如上海推出的宠物责任险以及后来在多地推出的"熊孩子"保险等尽管年费较低也是乏人问津。保险公司推出的另类保险往往并不是为了销售,而是为了博取眼球,丰富公司的产品类别,或者希望在同质化严重的情况下,通过细分市场,提高公司的品牌认知。

虽然市场上的另类保险产品大多是昙花一现,但从长远来讲,这些细分市场的险种肯定是会被挖掘的,以后市场上会出现越来越多的特色产品,这对整个保险行业来说不啻是一件好事。

表 5-1 部分另类保险产品表

保险产品名称	发行机构
户外贵重物品抢夺、抢劫保险	永安财险
高尔夫球员综合险	平安保险
有线电话盗打险	中国人保
公司绑架勒索保险	平安保险
"玫瑰人生"险	友邦保险
家政险	太平洋保险
雇员忠诚保险	平安保险
信用卡盗刷险	平安保险
定制款爱情保险	东吴人寿
腾讯游戏道具保险	平安保险
太平黄金圣斗士单身保障	太平人寿
蜜月意外怀孕险	平安保险
中秋赏月险	安联财险
监护人责任保险("熊孩子"险)	中国人保财险
支付宝、网银损失险	平安保险
土豪万能险	珠江人寿
小清新脱光险	平安保险
大土豪脱光险	平安保险
小奢华脱光险	平安保险
爱情险	长安保险
甜蜜情侣险	弘康人寿
脱单成果险	弘康人寿

2.叫卖低价保险越来越多

保险市场的激烈竞争不仅仅体现在保险产品的保障范围和产品名称上，更体现在保险价格上，随着1元以下的退货险在网上被广泛接受，多个保险公司推出"白菜价"险种。1元保险、2角钱、甚至1分钱的保险也纷纷出世。在年初时就一些保险公司在淘宝网上推出专门的"火车高铁汽车意外险"，8万元高保额最低只要1元钱；阳光人寿"安心旅游综合意外伤害保险"3元起卖，被保险人享有3天内最高12万元的保额；在"双十一"期间，平安保险的"小清新脱光险"售价只为11.11元，国华人寿的"法定假日交通意外险E款"标价为9角钱，被保险人享有法定假期出行最高10万元的保险金。"双十二"期间更有保险公司在电商平台推出1分钱的期限长达90天，航空意外身故或残疾最高可赔付20万元，铁路水路意外身故、公路意外身故各赔付10万元、5万元的意外险。也有保险公司在官网上推出常规的意外险，汽车意外险1万元保额保1个月，保费最低仅需2角钱。

除低价叫卖外，也有不少保险公司推出打折促销活动，如"双十一"期间，一家财险公司的促销活动是"满1500元返100元"，并赠送行车记录仪，抢 iPhone5S 土豪金手机等；另一财险公司则推出"满1500元送200元礼品，满2500再送50元，享受抽500元加油卡"；更有财险公司打出了"4折起"的促销广告，赚足了眼球。除此之外，其他公司的车险折扣幅度则为7折左右。

其实不管是低价叫卖还是打折促销，这都只是保险机构进行营销的噱头，只是以此达到宣传公司的目的，投资者在购买理财产品时，不能只盯着价格看，还是应根据自身的需要，多选择多比较，选择真正合适自己的那一款产品。

（三）网销理财保险收益高

自国华人寿于2012年通过淘宝聚划算平台实现"三天过亿"的销售业绩后，互联网的销售力量就令整个保险业刮目相看。2013年，各家保险机构纷纷在淘宝上开设旗舰店,有数据统计显示,目前已有 30 多家保险公司在淘宝上开设了旗舰店,其中不仅包括了中国人保、中国平安、太平洋等大型保险机构,也包括开心保、明亚保险等保险中介店铺。网络渠道的销售已成为 2013年保险公司的关注重点。

而通过网络销售的保险理财产品的收益也是一路走高,继"余额宝"、"百发"之后,互联网理财产品打出高收益旗号似乎成了标准动作。多家保险旗舰店纷纷为其保险产品标上"高预期收益率",5%预期收益率以下的保险理财产品已不多见,5%的年化收益率已经成为网络理财保险的"行情价"。例如国华人寿的国华 2 号增强版万能险,收益为 5.2%;信泰人寿的懒人理财宝,综合收益 5.7%。华夏人寿的摇钱树,1 年期预期年化收益率 5.5%。

到了年底,这一现象也是愈演愈烈,由淘宝发起的各类促销活动,蹭人气的已不仅仅是淘宝上的各路卖家。在"双十一"、"双十二"的大型促销活动期间,不少金融机构纷纷投其所好,打着"双十一"、"双十二"的旗号大肆招揽人气。

在 2013 年"双十一"的前一周,高收益的理财保险就纷纷上市,如国华人寿、生命人寿、珠江人寿三家保险公司就专门推出了限量供应的高收益理财产品。国华人寿的华瑞 2 号凭借 7%的预期收益率成为全网最高收益率的保险理财产品,成功创下在开卖 10 分钟内成交突破 1 亿元的火爆业绩。

还有最抢眼的一款生命人寿推出的"双十一"专供产品"E 理财万能保险"。该产品千元起售,号称有 7.12%的收益率,送保额 100 万元的航空意外险。不过,宣传中的 7.12%的收益率是由预期收益率 5.32%和 1.8%的集分宝积分合计而来。

而到了"双十二"期间,虽然保险机构的参与热情下降很多,但这并不妨碍高收益保险产品的出世,平安养老接过了高收益率的大旗,推出 7%预期收益率的"富盈人生"产品,成为全网最高预期收益率的保险理财产品。

虽然网销保险产品的业绩各不相同,但保险公司已经逐渐掌握了互联网金融的"屌丝理财"特征,而从这类具有理财功能的保险产品本身来看,普遍价格亲民,大多不超过 1 000 元,收益率也比银行存款和普通的银行理财产品收益更高,因此对投资者来讲还是有一定吸引力的。

(四) 电子商务成险企销售渠道新战场

国外保险开通网上在线渠道其实由来已久。美国网上保险费早在 1997 年就高达 3.9 亿美元,而 2001 年,约有 11 亿美元的保险费是通过网络保险获得。我国的保险电子商务起步较晚,在 2000 年,泰康人寿就成为国内第一家试水电商的保险企业。近两年,随着电子商务的日益发展,我国传统的保险业也加快了触网的步伐,保险公司网上卖保险已逐渐成为趋势。从 2011 年初开始,就陆续有知名的保险公司进入互联网,开始试水电子商务。截至 2012 年年底,全国开展电子商务的保险公司近 40 家,到了 2013 年,这一数字已经达到了 50 家,其中包括中国人保、中国人寿、太保、平安、大地财险、泰康人寿等在内。销售平台也有不少,如淘宝、京东商城、苏宁易购等。也有不少保险公司纷纷提出建设电商渠道的计划。如新华保险就公告称将投入 1 亿元,自建电商商务公司。

网销保险之所以受到热捧,与网络买保险的方便、快捷、价格优惠等都有着重要的关系。网络销售由于省去了代理人、宣传营销等成本,一份订单通过网上订购可以节省不少成本。有数据统计,通过互联网向客户出售保单或提供服务要比传统的营销方式节省 58% 至 71% 的费用。而相比传统的理财及保险销售模式,客户主动选择网络交易,可以免去中间很多手续费,价格比线下购买实惠,在享受线下保险公司提供相同服务的前提下,线上价格比线下要便宜 15% 左右。

网上卖保险和传统保险销售的最大区别在于,它能给予客户不一样的投保体验。相较于普通的线下投保和电话投保模式,网上投保具有方便、灵活、高效等特点。对于保险公司来说,网上销售可以将产品覆盖到更广阔人群,尤其是"80 后"、"90 后"等新一代消费人群。对于消费者来讲,通过电商渠道,可选择银联或支付宝等快捷支付方式,特别是手机支付在被广泛应用之后,随时随地都可网购保险,不用来回奔波只要按照程序填写个人资料就可以,几分钟就能搞定,省去了很多繁琐程序。即使对保单有疑问,也可以随时通过网络或在线客服进行查询。在网上保险超市,各家保险公司同类产品的价格、保障等内容一目了然。消费者利用互联网,不仅可以在线查询、对比各险种费率,同时还可以在线咨询,在线购买,一站式的服务让越来越多的投保者更愿意首选网购。

还有,保险电子商务可以让客户直接与保险公司接触,有些保险产品的保证范围和保险额度可以由消费者自由定制,这样不仅能够节省大量成本,更能够体现"以客户为中心"的理念,满足用户个性化的需求,从而极大地提升用户体验。

我们可以认为,现在的保险电子商务已经能够完成网上销售、在线支付、网上理赔,并可根据客户的需要提供后续服务。目前来看,中国保险业的线上服务已具备了电子商务的实质性特征。

目前保险公司"进军"电子商务主要有两种模式:一种是自建网站销售,包括官网以及与官网相分离的网销平台,如中国平安、中国太保、大地财险等均建立了与普通官网相分离的网销平台;二是与第三方合作,主要包括通过第三方平台销售及寻找网上第三方保险机构进行代销。2013年淘宝和京东均打造了保险频道,吸引了平安、人保财险、泰康、太平车险、昆仑健康险等保险机构的入驻。而众安在线财险的获批、成立则进一步推进了保险和电子商务的深度融合。

对于国内保险行业而言,电子商务还是一个新型渠道,在整体运营上都会遇到比较多的问题,电商代运营公司不仅可以帮助企业解决运营、营销、技术、美工、数据分析、客户服务等难题,更能帮助企业建立一套科学的电商运营体系,使得电商运营更加高效。

在互联网保险"风光无限"的背后,也存在着一些问题。目前,网销产品比较简单,保险保障的功能比较小。这是因为,如果牵涉到保障功能则需要前期的大量投保咨询方面的工作,还不适合保险网销目前的发展阶段。以后随着互联网技术的进一步完善、客户理念的不断成熟以及法规的不断完善,互联网保险的发展潜力还是很大的。

目前更多的保险企业都是在现有的电商平台上进行销售拓展,但在不久的将来,许多公司可能会根据网销的特点,开发不同类型的在线产品,如人寿、医疗和简易的重大疾病险种,并通过网络技术更加快速一体化地完成订单、支付、理赔等各项业务,真正成为惠及民众的便利之选。

我们在肯定2013年保险业得到蓬勃发展的同时,也不可否认其互联网金融模式尚处于不成熟阶段。最主要的表现就在于电商平台销售的保险产品,往往都主打的是"理财"牌,在着重宣传其高收益率的同时,其保障功能被故意弱化甚至忽视。保险内部人士也曾为此类保险的热销泼冷水:网上销售产品重要的一步就是博眼球,刺激出消费者的购买冲动,但这与理财产品的理性投资完全冲突。打着短期高收益的旗号推销保险产品,唯一的解释就是赔本赚吆喝。这类产品只能通过退保来实现高收益,可以预见,未来的退保率也会相当高。

另外,在互联网保险快速发展的同时,监管层的监管力度就明显滞后,关于互联网与保险的"跨界"组合在监管和法律法规方面也没有明确的条款。这还有待于监管力度的进一步跟进。

2013 年,保险业也在开始探索另一种互联网金融模式——大数据,刚成立的众安保险利用对大数据平台的深度分析和挖掘,掌控信用风险,开发电子商务、移动支付等环节的风险管理产品。基于整个商业社会日趋网络化,业内人士认为,基于互联网链条需求开发保险产品,互联网的想象空间即价值空间,这有可能颠覆传统保险业的业务模式。保险业的相关人士对保险电子商务的蓬勃发展是充满了信心,有人预计,到 2015 年中国保险行业电子商务收入将超过 300 亿元,线上保险正在迎来爆发期。中国的保险销售模式也将结束 20 年前的"手提包+自行车"模式,最终发展为"互联网+移动终端"的便捷模式。

(五)公募基金人才流向保险

公募基金每年都会有很多基金经理的更换,即使是大佬们的离职也已经不算新闻,但是 2013 年公募基金大佬们的离去却值得我们关注。与往年离职后的方向不同,2013 年已决定跳槽的基金大佬们没有选择私募或业内公司,而是选择保险机构作为职业生涯的新起点。

2013 年的最后一个月,就有好几个基金大佬被曝离职。例如大成基金总经理王颢、易方达基金原副总经理陈志民、华夏基金原总经理范勇宏以及原副总经理张后奇,都曾是公募基金业显赫一时的大佬,并且所在的公司都已经成为行业的领军企业。离职后都被曝新下家为保险机构。更有传王亚伟也成为保险机构下一个争相追逐的对象。

近年来,基金行业人士跳槽到保险公司做资产管理的案例时有发生,如民生人寿副总经理、资产管理中心总经理葛旋,曾任博时基金总经理助理、鹏华基金总经理助理等职;原阳光保险资金运用部门负责人张顺太,曾先后在国泰基金、中海基金从事投研工作,2009 年加入阳光保险。

2010 年新华资产则招纳两位公募资深人士,一位是原景顺长城董事长徐英任副董事长,另一位是原博时基金副总裁李全任总经理。

2011 年 11 月,曾任南方基金总经理助理、投资总监,后任长盛基金总经理的陈礼华,转投合众人寿新成立的合众资产管理公司担任总经理;2011 年 12 月底,原国泰基金主管投研的副总经理余荣权,也加盟太保资产管理公司担任副总经理。

表 5-2 近年从基金转投保险的大佬

姓　名	说　　明
陈志民	易方达基金原副总经理,12 月 16 日离任,在"转任本公司其他工作岗位的说明"一栏中则无相关内容。坊间盛传其可能"投保"至平安保险。
范勇宏	前华夏基金总经理,有着"基金教父"之称的范勇宏已加盟中国人寿资产管理公司,出任首席投资官,负责中国人寿资产管理工作。
张后奇	华夏基金副总经理张后奇于 12 月 5 日从华夏基金离任。之后加盟平安养老保险将担任总经理,主管投资。继范勇宏加入中国人寿后,张后奇成为华夏基金第二位转投保险资管的"元老级"人物。
王　颢	担任过大成基金助理总经理、副总经理。2008 年成为继龙小波、于华之后的大成基金第三任总经理。2013 年 12 月有消息称他将卸任,下一站是保险资产管理机构,有望掌舵人保资产管理公司。
葛　旋	曾任国信证券成都营业部副总经理,投资管理部副总经理、总经理,国信证券总经理助理,博时基金交易投资部经理兼总经理助理,鹏华基金总裁助理兼交易部总监、投资决策委员会委员、风险控制委员会委员,金元证券投资总监,华西证券副总裁、董事等职。2009 年 12 月,任民生人寿独立董事;2011 年 6 月,任民生人寿董事。
张顺太	先后在上海申银万国、国泰基金、中海信托从事债券研究、投资工作。2006 年进入中海基金,2009 年加入阳光保险。
徐　英	原景顺长城基金公司董事长,2010 年 3 月有消息称她将出任新华资产管理公司副董事长。
李　全	原博时基金副总经理,下一个职位是新华资产管理公司总裁。
陈礼华	曾任南方基金总经理助理、投资总监,后任长盛基金总经理,转投合众人寿新成立的合众资产管理公司担任总经理。
余荣权	原国泰基金主管投研的副总经理,2011 年 12 月底加盟太保资产管理公司担任副总经理。

大佬们之所以没有继续选择私募而是转向保险,也是因为相对于券商、私募基金和公募基金,保险机构有着天然的优势,保险机构有着大量的长线资金,不需要面对募集资金和行情不好导致投资者大量赎回的情况,投资压力相对来说少很多。

而在 2011 年中国保监会调整规定,将设立保险资产管理公司的年限门槛由"经营保险业务 8 年以上"调整为"经营保险业务 5 年以上",保险资管行业随之扩容,生命、安邦、光大永明、合众掀起第一轮保险资管扩容潮。

截至 2013 年 12 月,保险资产管理公司已经扩至 18 家,保险业管理 7 万亿元以上资产,而四大上市保险公司占据大半壁江山,2013 年上半年保险业资金运用余额 72 829.27 亿元,同期中国人寿投资资产 18 554.88 亿元,市场占比为 25.47%;中国平安投资资产市场份额高达 11 504.42 亿元,份额为 15.79%,中国太保和新华保险投资资产分别为 6 619.39 亿元和 5 165.06 亿元,市场份额也分别达到了 9.08% 和 7.09%。

在大资管时代,保险资管本身拥有长线的大量资金,没有募集资金困难及提防投资者大量赎回的烦恼,再加上没有公开的业绩排名压力,这对那些有良好过往业绩和履历的基金高管而言,无论是养老还是再迎事业第二春都是最优选择。

另一方面,保险公司希望通过引入公募业大佬改革原有国企的一些僵化的体制,离市场更近一些。而对于公募大佬们而言,少了公募基金和券商资管投资的条条框框,工作压力减小的他们可以实现人生的第二次腾飞。他们所要做的,就是按照自己的构想,建立好自己的投研团队,专心做好投资。而这一点,在公募基金期间,显然很难做到。

不可否认的是,2014 年将推出的企业年金递延纳税政策,也是吸引包括张后奇在内的公募大佬投身保险资管的理由之一。业内人士表示,在中国版"401K 计划"落地后,未来企业将会更加积极地参与企业年金的缴纳,将会为企业年金管理行业带来可观的增量。未来十年养老金市场规模达到 10 万亿元、20 万亿元将是很正常的事。让已经虎视眈眈的保险资管迎来又一块蛋糕。这也正是市场人士预计未来的资管行业将是保险和银行两强争霸局面的原因,未来,在这个领域,基金和券商的话语权会减小。来年保险机构对资管人才的挖角行动将会愈发频繁。

(六) 2013 年保险市场大事记

1. 三马结盟卖保险一事获得证实　保险牌照落地

在经历了十多年的积淀与酝酿后,互联网与保险终于跨过外部技术运用的初级阶段,进入核心业务的渗透与融合。"三马结盟卖保险"一事获得证实。众安在线财产保险公司筹备组正式拿到中国保监会批筹文件,文件签发日期为 2 月 17 日,注册资本金为 10 亿元,注册地在上海。

2. 卫生部:按 15 元标准为参合农民购大病保险

2013 年,卫生部要求各地试点从新农合基金中,按照人均 15 元左右的标准,为参合农民购买大病保险。该项新政预计将惠及我国逾 8 亿参合农民。

3. 两部委启动环境污染责任险试点,或成第二个强制险

环境保护部与中国保监会首次提出涉重金属企业和石油化工等高环境风险需要投保环境污染强制责任险,若未投保的话,环保部门将采取相关约束措施。未来环境污染责任保险有望成为继交强险之后,全国大范围推广实施的第二个强制保险产品。

4. 中国证监会查处首例保险资金投资老鼠仓案

"老鼠仓"逐渐蔓延到保险业。中国证监会 2 月 22 日在官网上通报,平安资产管理有限责任公司原投资经理夏侯文浩涉嫌利用未公开信息交易股票被调查,涉案金额达 919 万余元。

5. 大资管时代来了　保险资管"一对 N"开闸

伴随大资管时代的到来,资产管理产品的创新试点成了中国保监会放开险资投资新规中的重要组成部分。

为了推进资产管理产品业务试点,2 月 17 日,中国保监会发布《关于保险资产管理公司开展资产管理产品业务试点有关问题的通知》,允许保险资产管理公司发行"一对一"定向产品及"一对多"集合产品。

6.《农业保险条例》实施　农业保险有法可依

《农业保险条例》正式实施,标志着中国农业保险发展进入有法可依的新

阶段。《农业保险条例》填补了我国农业保险领域的法律法规空白。该条例明确了政府、保险公司等相关参与主体的权利义务,对于促进新疆农业保险的规范发展将起到重要的促进作用。

7. 中国保监会认可 34 家保险公司经营大病保险资质

在明确规定保险公司开展大病保险业务的基本条件后,中国保监会公示了保险总公司大病保险经营资质的名单。此次获得中国保监会认可的具有大病保险经营资质的保险公司共有 34 家,其中人身险公司和财产险公司各占了一半席位,均为 17 家。

8. 保险客户可以 DIY 成为保险产品创新新趋势

随着保险消费者需求的多样化,量身定制成为保险产品创新的新趋势。在市面上发现一种新鲜保险产品,这款产品的特点在于其灵活性,客户可随心掌控,自主选择。客户无需等到保单满期,即可在 65/70/75 周岁时提前终止保单,领取累计已付主险保费及累积生存金和红利。

9. 中国保监会:不允许向 70 岁以上老人推销保险

中国保监会下发了《关于规范银邮保险代理渠道销售行为有关问题的通知(征求意见稿)》。为了进一步减少销售误导,征求意见稿对销售对象的年龄作出明确规定:不得向 70 岁以上老年人推荐任何保险产品,不得向 60—70 岁年龄段的老年人推荐期缴型产品。

10. 寿险费率市场化落地 释放资本 200 亿元

寿险费率市场化改革大幕终于拉开。自 3 月中国保监会向各保险公司下发针对人身保险费率政策改革试点的征求意见稿,时隔 5 个月,寿险费率改革终于"千呼万唤始出来"。经国务院批准,普通型人身保险费率政策改革正式启动,新的费率政策将从 8 月 5 日起正式实施,同时中国保监会还将出台与之相配套的一系列监管政策。

11. 保障网络虚拟财产安全　平安产险首推个人虚拟财产保险

平安产险与腾讯双方合作推出了腾讯游戏道具保险,平安产险将为腾讯游戏旗下第一国战网游《御龙在天》提供装备保险业务。这也是国内首款个人虚拟财产保险。

12. 养老地产再升温　"保险系"加紧跑马圈地

在养老地产市场,"保险系"正加紧步伐跑马圈地。泰康人寿、新华保险、平安集团、合众人寿、中国人保、中国太平、中国人寿等多家寿险公司纷纷布局养老地产市场,全面展开养老地产的投资和运营。

13. 人身险伤残评定最新标准公布

中国保险行业协会6月8日联合中国法医学会共同发布《人身保险伤残评定标准》,对意外伤害保险的保障范围较原标准有了大幅扩展,将成为商业保险意外险领域残疾给付的新的行业标准。从2014年1月1日起,人身意外伤害险理赔将根据新的评定标准执行,意外险伤残理赔范围大幅扩大。

14. 7月1日起保险从业人员需大专学历　新上岗人员要求严格

《保险销售从业人员监管办法》对保险销售从业人员的从业资格、执业管理、保险机构的管理责任等方面进行了规定。未来保险销售从业人员应该具备大专学历,并从2013年7月1日开始实施。

15. 光大证券乌龙指致股民受损　金融险呼之欲出

光大证券"乌龙指"事件被中国证监会认定为内幕交易后,因此事件受到损失的股民维权提上日程。多名律师联合呼吁,要求光大证券及光大集团设立"乌龙指"受害者赔偿基金。业内人士表示,透过完整与专业风险规划方案可以分散可能导致巨额损失的运营风险,包括董事及高管责任保险,金融机构专业责任保险以及金融业综合保险。目前,董事及高管责任保险在国内上市企业,尤其是上市金融机构中已经比较普遍,如果光大证券购买了这款产品,公司内部的董事高管存在误导性陈述,导致投资者遭受损失,投资者起诉公司高管的话,保单的理赔机制将启动。

16. 泛鑫保险美女高管携款潜逃跑路

8月14日,有媒体报道,上海泛鑫保险代理有限公司资金链断裂,公司总经理陈怡携款5亿元潜逃海外。8月16日,保监会下发的紧急内部通知要求对保险专业中介业务进行全面风险排查。自2014年1月1日起,中国保监会将严格考核各地方保监局对案件风险的监管。这也是"泛鑫保险代理公司高管跑路"事件后,中国保监会加强监管的重要举措之一。

17. 首批巨灾险试点花落云南、深圳

9月18日,在亚非保险再保险联合会的巨灾保险分论坛上,中国保监会财险部副主任董波透露,中国政府非常重视巨灾保险,前期进行了很多研究,已经同意云南和深圳作为两个试点地区开展巨灾保险。

18. 上海自贸区首批保险分支机构获批　花落太保大众

上海保监局于9月24日正式向太保、大众两家保险公司发出批文,允许其作为首批保险机构入驻上海自贸区。率先拿到批文的这两家保险公司,将在上海自贸区内主要经营财产险业务。

19. 银行保险机构参与国债期货　基本达成共识

银行、保险等机构参与国债期货交易是大势所趋,有关各方已基本达成共识。有关部门及相关机构就此议题已多次沟通,对银行、保险等机构参与国债

期货交易已没有异议。目前,尚在沟通讨论的主要涉及一些操作层面上的细节。

20.三马保险众安在线获批开业 专攻互联网产品

从上海市工商行政管理局证实,由阿里巴巴的马云、中国平安的马明哲、腾讯的马化腾联手设立的众安在线财产保险公司于10月9日完成工商登记,国内首家互联网保险公司终于浮出水面。

21.中国保监会新规发布 泄露客户信息或被终身禁入

11月14日,中国保监会在官网发布《人身保险客户信息真实性管理暂行办法》并下发给各保监局、各人身保险公司、各保险中介机构。保监会称,此举是为加强人身保险公司客户信息真实性管理,提高客户服务质量,保护保险消费者合法权益。

22.众安保险首款网络保证金保险亮相

11月25日,众安保险联合阿里巴巴宣布推出"众乐宝—保证金计划"。这款国内网络保证金保险将为淘宝集市平台加入消保协议的卖家履约能力提供保险,在确保给予买家良好的购物保障的同时,帮卖家减负。"众乐宝"于12月5日正式对淘宝卖家推出服务。

表5-3 2013年部分新发保险产品表(排列分先后)

保险产品	发行机构	备 注
安心订票保险	安联全球救援	
北京老年人意外伤害保险	中国人寿	
怀孕险	平安产险	
惠福宝两全保险	新华保险	
安行无忧两全保险	中英人寿	
孝心99险	阳光保险	
金如意分红保险	中国人寿	

（续表）

保险产品	发行机构	备　注
"中端医疗"保险计划	大地保险	
健康人生重大疾病保险 A 款	弘康人寿	
信诚「E 畅行」交通意外险	信诚人寿	
吉祥安鑫全过程癌症保障计划	中英人寿	
乐程无忧意外保障计划	中英人寿	
众乐宝-保证金计划	众安保险	首家互联网保险公司的首款保险
乐业保	泰康人寿	首个针对淘宝网卖家的人身保障计划
吉祥一生终身寿险（分红型）	中美联泰大都会	
汇金资本万能型两全保险	信诚人寿	
财星一号终身寿险（万能型）	复星保德信	
惠福宝两全保险	新华保险	
安全与隐私保护综合保险	苏黎世保险	
百万保家综合保险计划	信泰保险	
E 本万利万能型两全保险	信诚人寿	
爱情保险—单身版	东吴人寿	
祥宝终身重大疾病保险	中航三星人寿	
华瑞 2 号	国华人寿	
金色晚年年金保险（分红型）	工银安盛人寿	
金娃娃少儿保障计划	阳光人寿	
汇金资本两全保险（万能型）	信诚人寿	
鸿利两全保险（分红型, C 款）	华夏人寿	
阳光贝贝幼儿重大疾病疫苗接种保险	阳光人寿	首款为接种疫苗可能产生的不良反应提供保障的产品
智赢未来终身寿险 B 款（万能型）	信诚人寿	
智赢未来终身寿险 C 款（万能型）	信诚人寿	
康爱无忧防癌保障计划	新华保险	
健行尊享二代医疗保障及健康促进组合计划	平安健康保险	
百万健康防癌组合计划	信泰保险	
中意一生保终身保障计划	中意人寿	
实物养老保障计划	合众人寿	国内第 1 款实物养老保障计划
平安福健康保障计划	平安人寿	
福利健康保障计划	太平人寿	

（续表）

保险产品	发行机构	备　　注
安联安康逸生健康保障计划（B 款）	安联人寿	
安联安康福瑞健康保障计划（B 款）	安联人寿	
太平恒赢两全保险	太平人寿	
蓝天守护航意险	复星保德信	
乐驾人生驾驶员及随车人员意外险	太平洋保险	
精选 2 号	新华人寿	
附加精选 2 号两全保险（万能型）	新华人寿	
腾讯游戏道具保险	平安财险	首款虚拟财产保险
财富金生理财保险组合计划	安邦人寿	
友邦稳赢一生保险计划	友邦保险	按新预定利率设计的首款产品
康佑一生长期疾病保险	中英人寿	
中秋赏月险	安联财险	
百万爱驾综合保障计划	华泰人寿	
平安产险个人账户资金损失保险	平安产险	业内首创三合一账户保障
百万前程保险计划	信泰人寿	
手机防盗险	人保财险	
定制款爱情保险	东吴人寿	
「信悦行」两全保险	信诚人寿	
代驾责任险	安联财险	
富贵齐添理财保险组合计划	安邦人寿	
随车行李险	人保财险	
银行卡盗刷险	平安产险	
特价机票取消险	平安产险	
平安地震自助卡（A、B 两款）	平安产险	
宠乐无忧	民安财险	
百万身价年金保险（分红型）保障计划	海康人寿	
民生如意金康终身重大疾病保险	民生人寿	
瑞鑫（2013 版）保险组合计划	中国人搜	
糖尿病人群终身疾病保险	昆仑健康保险	
乐游全球境外旅游保险	慧择保险	
华泰全球旅行保障计划	慧择保险	
富贵金升年金理财计划	阳光人寿	
金裕年年两全保险（分红型）A、B	中宏保险	

(续表)

保险产品	发行机构	备 注
安邦裕富满堂 2 号终身寿险(万能型)	安邦人寿	
2013 版国寿瑞鑫两全保险(分红型)	中国人寿	
涉水行驶损失险	平安产险	
长顺保返还型意外保障计划	太平洋保险	
国寿鑫丰两全保险	中国人寿	
平安守护—借记卡盗刷保险	平安财险	首家借记卡盗刷保险
家养宠物责任险	人保财险	
泰康 e 康终身防癌险	泰康人寿	
父亲节两全保险	—	
路路宝意外伤害保险	太平人寿	
安邦呵护一生年金保险	安邦人寿	
友邦康惠医疗保险	友邦保险	
友邦康逸医疗保险	友邦保险	
康健华瑞终身重大疾病保险	新华保险	
城镇低保人群小额保险	中国人寿	
保驾百万返本驾乘意外保险计划	利安人寿	
高原特定疾病紧急救援医疗保险	中国人寿	
安邦少儿成长无忧保险组合计划	安邦人寿	
流感卫士住院津贴医疗保险	中美联泰大都会	
平安乐享无忧年金保险(分红型)	平安人寿	
泰康财富尊赢保险计划	泰康人寿	
财富赢家两全保险(分红型)	安邦人寿	
平安个人预定特价机票取消保险	平安产险	
安邦裕富满堂 2 号终身寿险	安邦保险	
财富赢家两全保险	安邦人寿	
康悦人生重大疾病保障计划	泰康人寿	
泰康财富尊赢保险计划	泰康人寿	
太平齿科医疗保险	太平财险	
财富赢家两全保险(分红型)	安邦人寿	
超级御立方保障计划	工银安盛人寿	
华夏禽流感安康疾病保险	华夏人寿	
尊贵一生·精选财富计划	新华保险	
太平稳赢一号两全保险(分红型)	太平人寿	

保险产品	发行机构	备　注
精选一号两全保险(万能型)	新华保险	
生命福相随终身分红综合保障计划	生命人寿	
平安甲型 H7N9 流感综合保险	平安产险	
泰康 e 爱家意外伤害养老计划	泰康人寿	
泰康 e 爱家定期重疾保障计划	泰康人寿	
泰康 e 爱家定期重疾养老计划	泰康人寿	
泰康 e 爱家定期寿险养老计划	泰康人寿	
好儿郎年金保险计划(升级版)	中英人寿	
鸿发年年全能保险理财计划(2013)A	太平洋寿险	
尊贵一生终身年金保险	新华保险	
祥云 H 卡	泰康人寿	专门针对禽流感的保险产品
禽流感无忧疾病保险	华安保险	
康颐金生 B 款终身健康保障计划	太平人寿	
个人账户资金损失保险	平安产险	
畅游天下个人境外旅游特色保险产品	平安产险	
安邦 E 盛世终身寿险(万能型)	安邦人寿	
平安家居综合保障计划	平安产险	
一世安康重疾险	阳光人寿	
禽流感保险	民生人寿	
阳光人寿爱随行意外保障计划	阳光人寿	
泰康财富智选 - 基础设施全能保险计划	泰康人寿	
中邮年年好 A 款两全保险(分红型)	中邮人寿	犹豫期长达 30 天
悦·康健康保障计划	信诚人寿	
国寿鑫裕养老保险组合	中国人寿	
优年养老定投两全保险(分红型)	合众人寿	
金如意两全保险	民生保险	
中意福保今生保险计划	中意人寿	
保得福两全保险(分红型)	复星保德信人寿	
平安女性健康保险	平安产险	
平安家居综合保障计划	平安产险	
太平金悦人生	太平人寿	
太平康颐	太平人寿	

（续表）

保险产品	发行机构	备　注
泰康 e 顺女性疾病保险	泰康人寿	
幸福金生卓越计划	恒安标准人寿	
寰球精英/寰球精致高端个人医疗保险	招商信诺	
康颐金生 C 款终身重大疾病保险	太平人寿	保障病种拓宽至 55 种
御立方二号保障计划	工银安盛人寿	
国寿爱心护理产品组合	中国人寿	关注老龄化问题
中荷欢乐年综合保障计划 A 款	中荷人寿	
生态中意保障计划	中意人寿	首次将生态养老概念引入保险
富贵双至多功能年金保险计划	生命人寿	集理财、养老、护理保障为一体的创新产品
中意百万护驾综合保障计划	中意人寿	
健康分红险	泰康人寿	第一款新人专属保险产品
瑞利一号终身寿险（万能型）	瑞泰人寿	零初始费
电动车第三者责任险	华安财险	
电动车第三者责任险	人保财险	

六、信托产品分析

本章概要

2013 年,信托产品市场保持着平稳的发展势头。根据中国银监会非银部透露,截至 2013 年 11 月末,信托资产总规模已达到 10.67 万亿元,已成为仅次于银行业的第二大金融子行业。但是从信托规模增长速度以及其他种种迹象看,信托产品市场或许已经开始告别原先的爆发式增长阶段,转而进入了新的发展阶段。

从信托的类型来看,2013 年依然是固定收益类型的产品占据绝对优势,占比超过了 80％,而投资证券市场以及其他金融投资市场的非固定收益类型的产品占比在 20％以下。这与两方面的因素有关,首先,2013 年国内的金融投资市场机会并不是很明显,导致投资相关市场的产品难以得到追捧。同时,从投资者角度而言,虽然投资心态正在逐渐趋于更为积极,但是稳定安全的高收益产品依然是其投资首选。

在经过前几年的尝试之后,很多标新立异的产品,如投资艺术品、酒类、贵金属之类的信托产品渐渐消失,信托产品更多地集中于那些经过了时间检验的行业或是投资领域。

而一些真正意义上的创新举动在 2013 年的信托产品市场上集中出现,如家族信托、消费信托、土地流转信托、信托质押业务等,也表明在经历了数年爆发式增长之后,2013 年的信托市场正在谋求新的发展道路,正由产品竞争逐渐转向专业服务竞争。

2013 年,信托产品市场也出现了一些风险事件,但是由于刚性兑付这一"潜规则"的存在,最终并未对投资者造成大的影响。

(一) 信托理财产品发行锐减

2013 年的信托产品市场给个人的一个明显印象,那就是产品少了,最终的统计数据也能对此加以印证。在经过了连续数年的高速增长之后,信托产品的发行数量在 2013 年出现了锐减。

单位：款

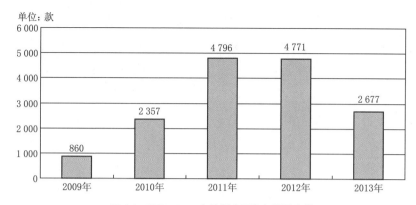

图 6-1　2009—2013 年信托产品发行数量比较

2013 年，据不完全的统计，各信托公司共计发行 2 677 款信托理财产品，较 2012 年的 4 771 款，出现了大幅的下降，降幅达到 43.89%。

信托产品的发行数量在 2012 年就已出现了负增长的情况，但是下降的幅度微乎其微。但是，2013 年的情况则出现了突变。不过，在新产品发行数量锐减的情况下，信托资产规模却依然保持着正增长，突破了 10 万亿元的大关。造成这一背离情况出现的原因有二：一是信托产品的期限一般较长，2013 年新增的信托资产规模依然大于到期的规模，从而保持了正增长；二是随着近两年资管产品的大行其道，较多的信托规模借道资管产品实现，这一分流效应也使得信托产品的数量下降，而资产规模依然保持正增长。

但是值得注意的是，在 2011 年以及 2012 年两年，信托产品存在一个明显的发行高峰期，随着这些产品的陆续到期，信托资产规模的增速将可能出现停滞乃至负增长的情况。

单位：款

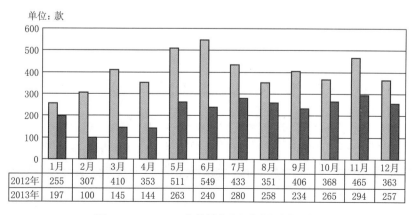

	1月	2月	3月	4月	5月	6月	7月	8月	9月	10月	11月	12月
2012年	255	307	410	353	511	549	433	351	406	368	465	363
2013年	197	100	145	144	263	240	280	258	234	265	294	257

图 6-2　2012—2013 年信托产品月度发行数量比较

　　从月度发行的情况看,2013 年每个月的信托发行数量都明显低于上一年度。而其中 2 月、3 月以及 4 月的发行数量更是成为当年的低谷,而进入 5 月之后的信托产品发行数量则有了明显的上升,同时也较为平均,基本在每月 250 款左右。2013 年,11 月的信托产品发行数量最多,达到了 294 款。从信托产品发行数量的变化来看,这或许也与"钱荒"存在直接的关联性。随着"钱荒"的出现,企业通过其他途径融资的难度再度提高,因此信托产品这一融资渠道也再度受到重视。

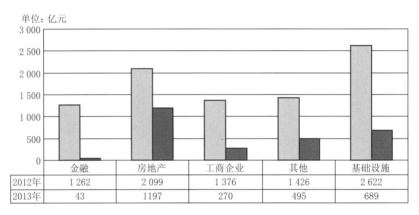

单位:亿元

	金融	房地产	工商企业	其他	基础设施
2012年	1 262	2 099	1 376	1 426	2 622
2013年	43	1197	270	495	689

图 6-3　2012—2013 年信托产品投资方向

　　从信托产品资金投向分析,房地产以及基础设施建设依然是 2013 年的两大主要投向。2013 年投向房地产业的信托资金位居首位,高达 1 197 亿元;而基础设施建设位列次席,为 689 亿元。信托资金在 2013 年的投向也高度符合目前我国经济发展的实际情况,即房地产业以及政府投资拉动依然是经济发展的两大动力。

(二)信托理财产品预期收益率下降明显

　　2013 年,信托产品不但发行数量较 2012 年出现了大幅下降,信托产品的预期收益率也出现了明显幅度的下降。因此,2013 年信托产品市场不但是产品少了,更为关键的是好产品少了。

　　根据统计,2013 年信托产品的平均预期收益率为 8.46%,较 2011 年以及

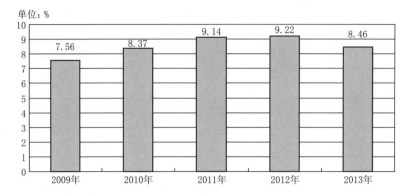

图 6-4　2009—2013 年信托产品平均收益率比较

2012 年超过 9％的收益率有了明显的下降。从 2009 年至 2013 年的信托产品预期收益率的变化分析,2009 年至 2012 年的 4 年中,信托产品预期收益率一直保持着上升趋势,而 2013 年则是近几年的首次下降,事实上这也是信托产品自出现以来的首次预期收益率的下降。

在 2013 年发生了严重的"钱荒"、资金价格不断上升的情况下,信托产品的预期收益率反而出现了下降,似乎有些不合逻辑。但是,如果仔细分析的话,可以发现造成这一现象出现的原因是多方面的。

首先,信托产品预期收益率的下降趋势从 2012 年下半年就已开始出现,并一直延续到 2013 年的上半年。而这一阶段,市场的资金面状况也相对较为宽松。

其次,2013 年信托产品主要以房地产信托以及基础设施建设信托为主。而其中房地产企业的融资环境自 2012 年下半年以来就已得到了极大的改善,对于信托这一融资渠道的需求迫切程度大大弱化,因此房地产信托的平均预期收益率也出现了较大幅度的下降。2013 年房地产信托的平均预期收益率为 8.99％,远低于前两年的水准;而基础设施建设信托一般由各地方政府主导,信用等级较高,因此预期收益率也相对较低。由于 2013 年的主流信托产品类型的预期收益率出现了明显的下降,从而也导致了信托产品平均预期收益率在 2013 年的下降。

此外,随着金融创新的不断深化,其他类型的理财产品也在不断涌现,有着融资需求的企业完全可以通过其他类型的理财产品来满足需求。这在一定程度上也会导致不同类型的理财产品的预期收益率趋同。

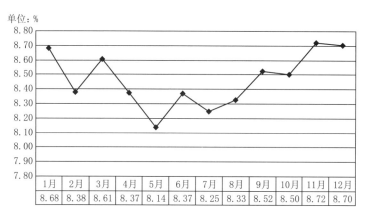

单位：%

	1月	2月	3月	4月	5月	6月	7月	8月	9月	10月	11月	12月
	8.68	8.38	8.61	8.37	8.14	8.37	8.25	8.33	8.52	8.50	8.72	8.70

图6-5   2013年新发行信托产品月度平均收益

虽然从年度的平均收益率看不出"钱荒"对于信托产品对于产品平均预期收益率的影响，但是，从2013年的月度平均收益率的变化却能很明显地感受到这一影响。

2013年，信托产品的平均预期收益率表现出明显的先抑后扬的走势，而转折点就在5月。2013年1月至5月，信托产品的平均预期收益率一路走低，从1月的8.68%一直下降至5月的8.14%，而5月的平均收益率也成为全面的谷底。此后，信托产品的平均预期收益率就进入了上升趋势，并在2013年末达到了8.70%以上的水平。2013年6月爆发了"钱荒"，并一直延续到年末，很显然信托产品的平均预期收益率的变化与此高度吻合。

（三）信托产品吸引力有所下降

信托产品依然是受到投资者青睐的理财产品，这一点毋庸置疑。2013年，信托资产规模继续攀升，达到了10万亿元的规模就是最好的说明。但是，相对于前些年"独领风骚"的情况而言，信托产品对于投资者的吸引力正在下降。

从2013年信托产品的平均募集金额月度情况的比较可以发现，2013年1月，单只信托产品的平均募集金额接近2亿元，为1.97亿元；而2013年12月，这一数值已经下降到了1.25亿元，一年内下降幅度高达36.55%。而这并不是偶尔的数据表现，事实上，这一下降趋势贯穿了2013年全年，虽然中间有所反复，但是趋势总体向下。

单位：亿元

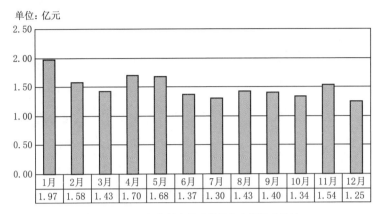

图6-6　2013年信托产品平均募集金额月度比较

	1月	2月	3月	4月	5月	6月	7月	8月	9月	10月	11月	12月
	1.97	1.58	1.43	1.70	1.68	1.37	1.30	1.43	1.40	1.34	1.54	1.25

　　募集金额的下降表明投资者购买产品意愿的不足。而造成这一现象的原因既有内因，也有外因。内因就是，信托产品收益率的下降。外因则包括两个方面，首先就是理财产品类型的增多，可替代信托产品的其他类型的理财产品的出现分散了投资者的目光；其次就是随着资金价格的上升，其他一些产品的收益率上升幅度惊人，如银行固定收益产品、货币基金等。这也使得信托产品的高收益特性被大大弱化。

　　信托产品吸引力的下降使得2013年信托产品的销售期大大延长，往年"一日光"、甚至尚未正式发售即已销售一空的情况难以重现。因此，2013年信托产品分期销售的情况也日渐增多，并渐成常态。

（四）信托风险引发关注

　　随着信托资产规模的日益庞大，信托产品的风险爆发也正逐渐进入投资者的视野，而这些风险事件从概率论的角度而言，事实上也是难以避免的。虽然目前尚有"刚性兑付"这一"潜规则"存在，从而使得投资者能够最终避免损失。但是这类事件一旦遇上，对于投资者而言，终究是一件"糟心"的事情。更何况，"刚性兑付"毕竟只是"潜规则"而非合同条款，其存在并无法理上的基础。因此，投资者并不能由于"刚性兑付"的存在，从而放松了对产品的选择。

1. 风险事件几乎月月发生

据中国银监会透露,2013 年信托产品发生到期清算、出现问题的项目设计资金超过 200 亿元,较 2012 年有所上升。同时,200 多亿元的规模虽然与超过 10 万亿元的总规模相比,所占比例微乎其微。但是,从表 6-1 中不难看出,此类风险事件的发生几乎贯穿 2013 年全年,发生频率已较前几年大大提高。因此,对于投资者而言,对此还需保持警惕。

表 6-1   2013 年信托机构风险事件

时　　间	产　　品	机构	事件内容
2013 年 1 月	舒斯贝尔特定资产收益权投资集合信托计划	中信信托	项目公司工程严重停滞,中信信托申请拍卖抵押土地
2013 年 3 月	洋城锦都置业特定资产收益权投资集合资金信托计划	四川信托	项目处在停建状态,回款已不足偿还信托。锦都置业已被接盘,四川信托启动诉讼索债
2013 年 3 月	昆山·联邦国际资产收益财产权信托计划	安信信托	融资方资金周转困难,且由于存在多处法律法规争议,融资方拒绝还款付息
2013 年 4 月	温州"泰宇花苑"项目开发贷款集合资金信托计划	安信信托	项目楼盘停工近一年,融资方过度民间借贷,公司负责人逃离出境
2013 年 4 月	裕丰公司二期建设项目贷款集合资金信托计划	陕国投	2012 年底裕丰公司陷入债务危机,引发资金链断裂,还款困难
2013 年 6 月	上海录润置业股权投资集合资金信托计划	新华信托	项目工程进度严重滞后,担保方陷入债务危机形成诉讼,录润置业卷入其中
2013 年 7 月	荣腾商业地产投资基金信托计划	五矿信托	项目销售不力,融资方回款困难;对应抵押物存在其他第一顺位债权人
2013 年 7 月	中金佳成房地产基金 1 号集合资金信托计划	中粮信托	中粮信托表示,由于各方股东之间存在矛盾,项目一直未能开工,预计无法按合同约定到期偿还本息,正找第三方收购
2013 年 10 月	焱金 2 号孝义德威集合资金信托计划	华润信托	原本应该在 2013 年 12 月 23 日结束的项目,延期至 2014 年,融资方孝义德威煤业感到难以如期完成兑付
2013 年 11 月	山东火炬置业有限公司贷款集合资金信托计划	新华信托	项目进程缓慢,融资方无力偿还,已进入司法诉讼阶段,新华信托方面表示,已与投资人达成协议,不存在兑付问题
2013 年 12 月	吉信·松花江【77】号山西福裕能源项目收益权集合资金信托计划	吉林信托	涉及资金 10 亿元,该项目融资方山西福裕能源所在的联盛集团金融负债近 300 亿元,已基本失去债务清偿能力,11 月 29 日,山西联盛及其下辖公司等 12 家企业的重整申请被法院受理

虽然截至目前发生的一些风险事件最终都得以妥善解决,但是对于投资者而言,一旦遇上,也可能陷入长期的诉讼中去,这显然也是一种煎熬。

2. 房地产信托风险高发

房地产信托在近几年始终成为关注的焦点,原因既有其产品的高收益特性,也包括对其风险不确定性的担忧。因此,每每能够在媒体上看到对于房地产信托安全性的担忧。而从实际情况来看,这一担忧确实也是有道理的。

在表6-1中,涉及房地产项目或是房地产开发商的风险事件就占据了绝大部分。例如,中信信托的舒斯贝尔特定资产收益权投资集合信托计划、四川信托的洋城锦都置业特定资产收益权投资集合资金信托计划、安信信托的昆山·联邦国际资产收益财产权信托计划、安信信托的温州"泰宇花苑"项目开发贷款集合资金信托计划、新华信托的上海录润置业股权投资集合资金信托计划、五矿信托的荣腾商业地产投资基金信托计划、中粮信托的中金佳成房地产基金1号集合资金信托计划、新华信托的山东火炬置业有限公司贷款集合资金信托计划。细数一下,在所列示的11个风险事件中,涉及房地产的信托产品就高达8个,比例远超七成。因此,虽然目前信托产品整体出现风险的概率依然极低,但是在不同的信托产品中,房地产信托在2013年风险高发的特征依然十分明显。

而出现这一现象的原因是多方面的:

首先,诸多原因造成房地产信托存量庞大。在前两年,房地产行业面临严厉的调控措施,绝大部分融资通道被关闭,信托产品几乎成为当时大多数房地产企业唯一的融资渠道。于是在前些年,房地产信托几乎称得上一统天下,占据了整个信托市场的大半壁江山。而随着时间的推移,当时庞大的房地产信托存量陆续进入了兑付期。庞大的基数决定了出现风险事件的频率大大增加。

其次,由于长期习惯于激进的业务模式,很多房地产企业摊子铺得过大,资金链始终处于紧绷状态,从而导致抗风险能力的下降。而由于房地产调控,使得房地产企业在销售端陷入困境,收入的减少导致紧绷的资金链难以为继。于是,房地产信托成为"高危"信托也就不足为奇了。

事实上,虽然进入2013年下半年后,房地产市场开始出现复苏。但是,投资者依然不能对房地产信托的"高危"特性掉以轻心。

中国房地产市场已经进入了明显分化的阶段,未来的发展趋势已经不能用简单的"好"或者"坏"来概括。未来部分地区的房地产价格仍将保持着坚挺,而很多地区房地产市场的"泡沫化"已经十分明显,很可能进入痛苦的"去泡沫化"阶段。总体而言,未来一线或是区域性中心城市仍可看好,二线城市或能维持,三、四线城市前景堪忧。

3. 矿产资源信托风险显现

2013 年 12 月,吉林信托所发行管理的"吉信·松花江【77】号山西福裕能源项目收益权集合资金信托计划"出现兑付危机。

根据资料显示,这一信托产品共有 6 期,总规模为 9.727 亿元。其中一期成立于 2011 年 11 月 17 日,规模为 2.449 亿元;二期成立于 2011 年 11 月 30 日,规模为 1.395 亿元;三期成立于 2011 年 12 月 29 日,规模为 0.894 亿元;四期成立于 2012 年 2 月 8 日,规模为 2.89 亿元;五期成立于 2012 年 2 月 20 日,规模为 1.09 亿元;六期成立于 2012 年 3 月 12 日,规模为 1 亿元。上述产品每期期限均为 24 个月,因此自 2013 年 11 月起,以上产品都已经或即将进入兑付期。

信托资金用于山西联盛能源有限公司受让山西福裕能源有限公司子公司投资建设的 450 万吨洗煤项目、180 万吨焦化项目和 20 万吨甲醇项目的收益权,募集的资金用于这三个项目建设。因此,这一信托产品属于典型的矿产资源信托。

吉信·松花江【77】号山西福裕能源项目风险爆发,真实地折射出当前矿产资源类信托所面临的危机,其中煤矿类信托尤为明显。

在 2011 年,矿产资源类信托尤其是煤矿类信托的发行,曾经出现过一波高峰,而这些产品平均期限接近两年。因此,两年后的 2013 年,这些产品都已进入或将进入兑付期。而近几年煤炭市场价格持续低迷,使得融资方的现金流持续萎缩,从而导致兑付风险的发生。因此,矿产资源类信托的集中兑付,市场环境的恶化,都使得这一类信托产品的违约风险激增。

以山西联盛能源有限公司为例,其所涉及的信托项目绝非吉信·松花江【77】号山西福裕能源项目一例,根据第一理财网理财产品库所统计,北京信托、山西信托、中投信托、华融国际信托等多家信托公司都曾为其发行过信托产品。如北京信托在2010年9月为其发行的"联盛能源产业投资集合信托计划"总规模就高达48.72亿元,该产品应于2013年9月到期兑付,具体兑付情况未见相关报道,不详。

煤炭市场的变化,直接对相关信托产品产生了巨大的影响;而其他一些矿产资源类信托其实也存在相关的风险隐患。一旦相关资源的终端市场价格产生大的波动,那么相关的信托产品的风险就将激增。

4. 舒斯贝尔项目的借鉴意义

在众多信托风险案例中,中信信托·舒斯贝尔项目具有相当的典型意义。

中信信托·舒斯贝尔信托项目成立于2010年8月,预期年化收益率9%—13%,优先级份额为5亿元。根据信托合同,青岛舒斯贝尔房地产开发有限公司以评估价值12.7亿元的两宗地块使用权作为抵押。

2012年8月该项目到期,融资方舒斯贝尔未能按期还本付息,于是中信信托启动追偿程序。此后,中信信托通过司法途径申请拍卖两宗地块使用权。在随后数次的交涉以及拍卖后,最终于2013年5月共收回资金6.5亿元。纠缠了2年多的中信信托·舒斯贝尔项目最终尘埃落定。而在此前的2013年2月24日,中信信托已先行兑付了自然人投资者的信托份额。

从此案例可以看出一些具有借鉴作用的地方:

首先,中信信托先期兑付自然人投资者的份额,正是目前"刚性兑付"的体现。

其次,信托公司是否尽职对后期的处理也具有很大的影响。事实上,早在项目成立半年之后,中信信托就已发现了融资方挪用资金的行为,并立即提请法院查封了相关抵押地块的使用权。

第三,抵押财产是否充足具有决定性的意义。估值12.7亿元的土地使用权,最终收回6.5亿元,恰巧覆盖信托项目,可谓万幸。值得注意的是,目前信托产品的抵押财产中有很大比例都是土地使用权或是房地产项目。在这一抵押财产中或多或少地存在着"泡沫",因此抵押率将是非常关键的一大指标。

（五）信托业创新不断

2013 年,中国信托产品市场出现了一系列的创新举动,很多与传统的集合资金信托不同的信托类型出现在大众的视野中,其中包括家族信托、消费信托、土地流转信托等等。

1. 家族信托显山露水

2013 年,家族信托开始显山露水,更多地出现在大众的视野中。所谓家族信托,是一种信托机构受个人或家族的委托,代为管理、处置家庭财产的财产管理方式,以实现富人的财富规划及传承目标。

这一财产管理方式大量被富豪们所采用,如洛克菲勒家族、肯尼迪家族都设立有家族信托基金并成功运作;默多克与邓文迪的离婚案中,家族信托的存在也发挥了巨大的作用;在中国香港的富豪中,李嘉诚、邵逸夫、杨受成等富豪家族均已成立了家族信托基金;甚至很多国内的大富豪也都设立了家族信托,如 SOHO 中国董事长潘石屹、龙湖地产董事长吴亚军都有设立家族信托的信息见诸报端,不过这些国内富豪往往都是在境外设立家族信托来实现财产传承的。这与目前我国信托产品市场的主流品种有着显著的区别。

目前我国主流的信托产品主要是理财类信托,包括投资类信托以及融资类信托,在很多情况下都以固定收益型的产品出现。这显然与我国信托产品市场的发展历程有关。我国针对个人投资者的信托产品出现于国际金融危机之后,主要目的就是为了解决"四万亿元经济刺激计划"中的资金缺口问题。因此从诞生伊始,我国信托产品的功能就是解决投融资问题。而家族信托则不然,这是一种典型的服务型信托。

随着国内富人阶层的兴起,以及"富一代"的逐渐老去,财富的传承以及分配成为富人们最为关注的事情,运用家族信托进行财产传承成为越来越多富人的选择。

据相关报道,2012 年下半年,平安信托推出了被业内认为是首单真正意义上的家族财富传承信托产品。而此款产品总额度为 5 000 万元,合同期限为50年,客户是年过40岁的企业家。根据约定,委托人将与平安信托共同管理这笔资产,委托人可通过指定继承人为受益人的方式来实现财产继承,收益分配方案根据委托人的要求来执行。

此后2013年5月,招商银行在家族信托业务实现了国内私人银行首单的突破。而招行推出家族信托的门槛是拥有5 000万元的金融资产,家族信托的期限是30年至50年,为不可撤销的信托,在产品中融入了将信托资金与客户其他资产隔离的法律保障。

而家族信托一经破冰,就迅速引起了市场的积极反应。如招商银行的首单于2013年5月成立,截至2013年6月的累计客户需求案例就已超过了50个。

随着平安信托以及招商银行的先后试水,更多的金融机构对此表现出了浓厚的兴趣,如上海信托、北京信托、农业银行等都在积极推进相关业务的进展。

富豪们用设立家族信托来进行财产传承,使得后人不享有财产所有权,而只享有财产受益权,可以有效防范"二世祖"、"败家子"迅速败家,从而打破"富不过三代"的"魔咒"。同时,通过设立家族信托也可以有效保卫财产,如龙湖地产吴亚军的离婚案就是一个漂亮范本。通过两个全权信托架构的设计,吴亚军夫妇有效进行了财产分割,从而避免了企业运营由于控制人离婚而可能遭受的影响。与此相反,土豆网的王微、真功夫的蔡达标、日照钢铁的杜双华、赶集网的杨浩然则由于缺乏相应的设计,而使企业的运营或多或少地遭受了影响。

家族信托的出现有其必然性,但是目前,仍存在着一些不利因素。

首先,观念的转变。随着国内富豪阶层财富的快速膨胀,家族信托的市场潜力超过人们的想象,眼下最紧迫的是让中国富豪了解并接受这种来自西方的财富传承概念。

其次,信托登记制度的缺失。根据《信托法》的相关规定,家族财产交付信托,作为信托资产,必须办理信托登记。而我国目前实行的信托登记制度,尚无对如不动产的过户、税费征收等方面的规则,于是家族信托如果以不动产为信托资产就可能面临无法登记的窘境,从而无法受到法律的保护。

第三,遗产税的悬而未决。家族信托由于将产品的所有权进行转移,因此普遍被视为用来规避遗产税的一大利器。而我国目前尚未实行遗产税,因此在很大程度上,也会使得富豪阶层缺乏必要的紧迫感。

未来家族信托必将得到迅速的发展,因为适合它的"土壤"已经渐趋"肥沃"。

2. 消费信托有新意也有不足

2013 年,中信信托推出了首单消费信托。这款通过招商银行渠道发行的信托产品,基本的交易结构为:由中信信托设立信托计划,期限 5 年;认购资金分为两部分,首先为约 63% 的保证金部分,将于到期后原状返还,其余则为购买消费权益部分,投资者可在信托计划存续期间,拥有信托合同中安排的消费权益。

据了解,首期消费信托项目的消费权益标的涉及旅游度假领域,相当于"分时度假"的金融化运作。据中信信托相关人士透露,按照市场价格等指标初步测算,若将消费权益进行资金化回报换算,约折合投资年化收益 15%—18% 的水平。

据进一步了解,此款信托产品所涉及的旅游度假项目实际上就是目前中信信托正大举投入的云南"造岛计划"——"嘉丽泽国际健康岛"。

该款产品的发行,不失为一种创新之举。从此款产品的设计来看,其实质就是中信信托通过信托产品进行融资,原本的利息支出则以进行融资项目的产品或者服务来替代,等于进行了预约销售。于是财务费用大大减轻,同时确保了在建项目未来的销售额,无疑是一举数得的好事。这一产品的出现,其实质对融资方相当有利,同时兼顾了其融资以及日后销售的需求。对于那些恰巧需求明确且与之高度一致的投资者也是乐见其成的。

但是,对于其他一些投资者而言,这一信托产品是否值得考虑则是另一回事。产品所对应的消费特定而单一,使其只能成为小众产品;同时融资方、发行方、最终产品(服务)提供方的高度一致,使得所谓产品的市场定价合理性也存在疑问,而这直接影响到所谓的投资年化收益的高低。

事实上,虽然做法不同,但类似的信托产品也曾经出现过。如前些年的酒类信托,投资者购买信托产品,期满后可取得现金收益,也可按约定的价格取得实物(相应的红酒或白酒产品)。这种产品设计,显然对投资者更为有利。

因此,中信信托所推出的首单消费信托,虽然有着一些新意,但很明显,对于其自身更为有利。其不足之处也是相当明显的,相信随着此类产品的增多,此类产品的设计或许会更多地向投资者倾斜。

3. 土地流转信托破题

土地流转或许是未来中国最大的财富增长点之一,信托公司也开始积极布局土地流转。国内首个土地流转信托已于 2013 年 10 月 10 日成立,该产品名为"中信——农村土地承包经营权集合信托计划 1301 期"。

所谓土地流转信托,是将农村土地使用权作为信托财产,委托信托公司经营管理,主要包括农用地的土地承包经营权、集体建设用地使用权以及宅基地使用权等,其目的是实现农村土地流转。

根据公告,信托计划的 A 类委托人为安徽省宿州市埇桥区人民政府,信托计划中的服务商为安徽帝元现代农业投资有限公司,中信信托作为本计划的受托人。

该产品期限 12 年,与承包期限相同。首期涉及流转土地 5 400 亩,远期规划是 25 000 亩。流转后土地拟建设现代农业循环经济产业示范园,园区规划为五大板块,涉及二十多个子项目。从产品结构来看,该信托计划是一款结构化的混合型信托产品。信托计划中既有财产权又有信托资金。其中财产权即农民的承包经营权,目前首期成立的信托计划即财产信托部分。在这部分信托计划中,由安徽省宿州市埇桥区人民政府对分散的农户土地承包经营权进行归集之后委托给中信信托经营管理,中信信托与其合作方安徽帝元现代农业投资有限公司对土地进行整理、出租、运作,实现土地的增值。

在后期运营的过程中,还将分别成立两类资金信托计划。其中一类用于流转土地区域内的土地整理和农业设施的建设以及现代农业技术的推广应用,另一类资金则用于解决财产权地租的支付以及土地整理方面资金一定时期出现的流动性支付问题。

首只土地流转信托的出现,迅速引发了其他信托公司的效仿。在 2013 年11 月 7 日,北京信托"土地流转信托计划"正式亮相。同时,有不少信托公司也在积极研究,准备加入土地流转信托的发行大军中去,如华宝信托、安信信托、上海信托都在积极推进相关业务。

4. 质押业务解决流动性之弊

对于投资者而言,投资信托产品,可以享受其收益高、风险低(由于刚性兑付的存在)的益处,但是有一个弊端却往往难以解决,那就是由此而带来的流动性不足问题。

信托产品是一种高门槛的理财产品,其资金门槛高达 100 万元人民币,甚至在近一两年中,百万元门槛的信托产品也已成稀缺产品,大部分信托产品的实际资金门槛已高达 300 万元。

对于很多投资者而言,这种投资门槛或许已经是其流动资金的绝大部分。信托产品的期限一般都比较长,1 年至 2 年的期限是普遍状态。高资金门槛,较长的期限,使得很多投资者在购买了信托产品之后,很长一段时间内往往处于资金流动性匮乏的状态。一旦遇上急需大额资金的时候,就会出现捉襟见肘的情况。这或许也是制约信托发展的一大因素。

2013 年 12 月,平安信托推出了信托质押业务。投资者可以将信托计划进行质押变现,从而解决信托产品流动性不足的问题。很显然,信托质押业务的推出,为信托产品补上了流动性不足这一块最后的短板。当然,平安信托的这一业务针对的是在其公司存续规模达到 1 000 万元以上的客户,属于针对其客户的增值服务。

信托质押业务的推出,表明信托产品市场的竞争开始由产品竞争向着服务竞争转变。可以预计,这一业务将会受到投资者的欢迎。对于平安信托而言,在其业务成熟之后,全面铺开将是其努力方向;对于其他信托公司而言,迅速跟进效仿也将成为必然。

七、阳光私募基金产品分析

本章概要

（一）阳光私募发行加速

（二）阳光私募业绩称雄同类产品

（三）明星私募展现整体实力

（四）新《基金法》带来新机遇

2013 年，私募基金行业再一次取得了快速发展。2013 年的中国证券市场的结构性行情，使得更加注重主动性管理的私募基金"如鱼得水"，整体业绩表现出色。趁着私募基金业绩整体走强的大好良机，私募基金公司也抓紧全力推出新产品，因此，2013 年私募基金新发行数量出现了较大增幅。

2013 年 6 月 1 日，新《证券投资基金法》颁布，这对于私募基金行业而言，具有重要意义。自此之后，私募基金行业正式被纳入了法律监管范畴，彻底摆脱了原先"名不正，言不顺"的尴尬地位。可以说，私募基金行业在 2013 年进入了一个新的发展阶段。

（一）阳光私募发行加速

2013 年的大环境对于阳光私募行业而言，无疑比前两年有了较大的改善。由于阳光私募基金的发展与基金的业绩表现存在着极大的正相关性，基金业绩好，则新私募基金就更容易发行募集；反之，则可能陷入无人问津的地步。

2013 年证券市场的结构性行情表现，使得私募经理们有了大展身手的市场。整体市场的萎靡，使得私募经理的个人能力能够得到更好的发挥，不同产品之间的差距迅速被拉大。因此，2013 年的证券市场行情事实上起到了对私募经理能力的甄选作用，使得那些业绩表现优异的私募公司能够发行更多的产品，募集更多的管理资金。

2013 年，阳光私募产品共计发行 1 351 款，较 2012 年的 976 款产品增幅达到 38.42％。这是继 2012 年阳光私募产品增速减缓之后的再次快速增长。从 2010 年至 2013 年阳光私募的发行情况看，近 4 年，阳光私募产品发行数量的增幅分别为 49.08％、9.29％以及 38.42％。除了 2012 年证券市场没有太大机会导致阳光私募产品整体业绩不佳而影响了产品的发行以外，阳光私募产品的发行基本处于一个快速发展的阶段。

单位：款

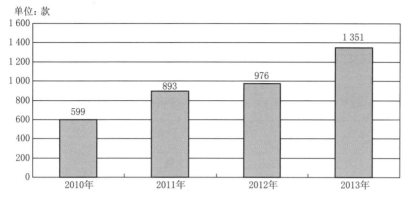

图 7-1　2010—2013 年新发行阳光私募数量

单位：款

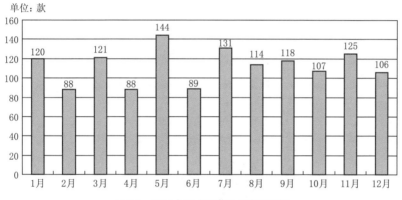

图 7-2　2013 年阳光私募月度发行比较

　　从 2013 年阳光私募新产品月度发行数量来看，2013 年上半年的发行数量明显不均，其中 2 月、4 月以及 6 月的新产品数量都不足 100 款，分别仅有 88 款、88 款以及 89 款；5 月的新产品数量达到 144 款，成为 2013 年发行产品数量最多的月份；到了下半年，阳光私募新产品的发行则进入了平稳的阶段，每个月的发行数量基本都在 100 款以上。最终，2013 年上半年，阳光私募新产品数量为 650 款，下半年新产品数量为 701 款，下半年略多于上半年，但差距并不是很明显。

　　相对于 2012 年的阳光私募新产品月度发行情况，2013 年的发行情况明显好转。2013 年每一个月的新产品发行数量都要高于上年同期，到了下半年，两者之间的差距更是被快速拉开。2012 年上半年新产品发行数量为 518 款，2013 年上半年的发行数量为 650 款，增幅 25.48％；2012 年下半年新产品发行数量为 458 款，2013 年下半年的发行数量为 701 款，增幅 53.06％。可见

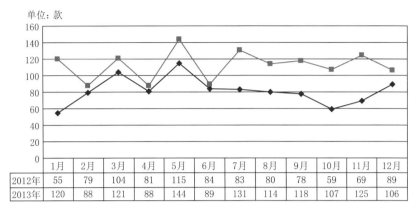

	1月	2月	3月	4月	5月	6月	7月	8月	9月	10月	11月	12月
2012年	55	79	104	81	115	84	83	80	78	59	69	89
2013年	120	88	121	88	144	89	131	114	118	107	125	106

图 7-3　2012—2013 年阳光私募产品月度发行数量比较

2013 年持续的结构性行情使得更多的阳光私募从中获利,良好的赚钱效应刺激了新产品的发行。

2013 年的阳光私募冠军创势翔,在取得耀眼业绩的同时,趁势在 2013 年最后两个月连续发行了 3 款新产品,包括"创势翔辉煌"、"创势翔 2 号"、"创势翔 3 号"。

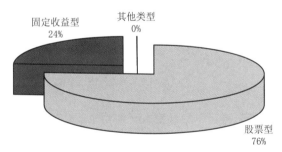

图 7-4　2013 年新发行私募产品类型

2013 年的证券市场的结构性行情赚钱效应,使得私募基金们将更多的注意力重新转移到了股票型产品上。2013 年,新发行的阳光私募产品中,股票型产品的占比高达 76%,而风险较小的固定收益型产品占比为 24%,其他类产品仅有 3 款,占比微乎其微。

(二) 阳光私募业绩称雄同类产品

虽然 2013 年国内证券市场的整体走势不佳,但是结构性行情依然火爆,尤其是创业板整体的牛市行情,为阳光私募取得令人满意的业绩回报提供了可能。2013年,各阳光私募显然也没有辜负这一大好机会,总体上取得了很好的业绩回报。

2013年,沪深300指数的回报为-7.65%,股票型基金的整体平均收益为11.45%,而股票型阳光私募的整体平均收益为13.31%。从平均收益而言,阳光私募的回报优于公募基金。

表7-1 2013年收益前十阳光私募

排名	产品名称	私募名称	基金经理	收益率(%)
1	创势翔1号	创势翔资本	黄 平	125.55
2	晟乾优势	晟乾投资	张进滔	110.23
3	晟乾成长	晟乾投资	张进滔	109.60
4	泽熙3期(山东)	泽熙投资	徐 翔	108.89
5	鸿逸1号	鸿逸投资	张云逸	94.26
6	泽熙3期	泽熙投资	徐 翔	90.22
7	龙鼎3号	龙鼎投资	冯为民	85.18
8	亿信财富2期	涌泉亿信投资	艾 亮	80.59
9	梵基1号	梵基股权投资	张 巍、李正锴	77.76
10	恒复趋势1号	恒复投资	刘 强	77.30

从2013年阳光私募的收益排行分析,位列收益排行前端的阳关私募更是收益惊人。其中,2013年收益超过100%的就有4款产品,它们分别是:创势翔资本管理的"创势翔1号",以125.55%的收益率位列榜首;晟乾投资的"晟乾优势"以及"晟乾成长"分别以110.23%以及109.60%的收益率位列二、三位;泽熙投资的"泽熙3期"以108.89%的收益率位列第四位。除了以上4款业绩翻番的阳光私募以外,其余排名居前的阳光私募也有不俗表现。即便是排名第10的阳光私募业绩也高达77.30%。

同期,股票型基金的最高收益率为80.38%,股票型券商产品的最高收益率为63.61%,很明显在同类产品中,阳光私募的业绩完胜公募基金以及券商产品。

在2013年业绩排名前十的阳光私募中,有两家投资公司值得关注,那就是晟乾投资以及泽熙投资,这两家投资公司分别有两款产品位居前十,且排名相当靠前。其中,晟乾投资的两款产品分别位列二、三位;而泽熙投资的两款产品分别位列四、六位。晟乾投资的两款产品为结构化产品,这一产品设计在踏准行情节奏的前提下,有效地发挥了杠杆作用,对业绩的增长提供有效的助涨作用;而泽熙投资的徐翔则是私募基金经理中的佼佼者,其管理的私募产品在 2013 年再次取得骄人业绩,也再次捍卫了其在私募界的地位。

表 7-2　2013 年收益后十位阳光私募

排名	产品名称	私募名称	基金经理	收益率(%)
末 1	否极泰	否极泰投资	董宝珍	−62.26
末 2	星河广赢上善若水	星河数码投资		−55.90
末 3	乾道 1 期	乾道资本		−49.18
末 4	时策 1 期	时策投资		−36.03
末 5	塔晶狮王 2 号	塔晶投资	冷再清	−33.40
末 6	裕馀 2 号 T6101	裕馀投资	赵春生	−30.74
末 7	塔晶老虎 1 期	塔晶投资	冷再清	−30.71
末 8	塔晶狮王 1 号	塔晶投资	冷再清	−30.63
末 9	鑫鹏 1 期	鑫鹏投资	阮　杰	−30.51
末 10	海昊 1 号	海昊投资	曾文海	−30.04

市场中有得意者,自然也有着失意者,更何况是在以成败论英雄的投资界。2013 年中国证券市场自始至终的结构性行情,对于私募经理而言无疑是一次考验。能够紧跟市场的自然能够成为得意者,可是如果对市场变化视而不见,坚守着市场"非主流",那么就只能成为一个悲剧了。

2013 年,阳光私募的最差业绩为否极泰投资管理的"否极泰",其收益为−62.26%。这一亏损幅度也远大于同期公募基金以及券商产品。可见,对于更依赖于投资经理个人能力的阳光私募而言,"个人英雄主义"也是一把"双刃剑",既可能让其管理的产品业绩一飞冲天,也可能将其管理的产品业绩拖入深渊。

根据公开资料显示,否极泰坚持的是巴菲特式的价值投资。公司基金经理董宝珍也多次在公开场合宣扬了自己的价值投资理念。但是,很显然,现实给他开了一个大玩笑。而且如此巨幅的亏损,也将他在 2013 年的"坚持"表现得淋漓尽致。或许,他该好好反思一下 2013 年他究竟错在了哪里。

对于投资而言,每个人都将巴菲特的价值投资挂在嘴上,但是事实上,除了价值投资之外,价格投资或许更为重要。如何衡量价值与价格之间的关系才具有实际意义。

结构化产品对于产品业绩有着明显的放大效应,当投资成功时,业绩自然飞速提升;可是当投资错对象时,那么业绩就会出现雪上加霜的现象。2013年,"星河广赢上善若水"以－55.90％的收益率位列收益排行倒数第二位;"乾道1期"以－49.18％的收益率位列收益排行倒数第三位。这两款产品都是结构化产品,很明显结构化的负向放大作用也加剧了它们业绩亏损的幅度。

塔晶投资绝对是值得关注的一家私募公司,根据公开资料显示,这家私募公司旗下共有3款产品,分别是"塔晶狮王1号"、"塔晶狮王2号"以及"塔晶老虎1期"。很不幸的是,这3款产品在2013年的业绩排行全部位列最差行列。不论是狮王,还是虎王,都难逃"濒危"的命运。

(三) 明星私募展现整体实力

对于阳光私募而言,私募经理对于产品业绩的影响可谓至关重要。相对于公募基金以及券商产品而言,阳光私募或许更带有浓重的"个人英雄主义"色彩。可以这样说,每一款阳光私募产品都带有明显的私募经理个性。

对于投资者而言,在选择阳光私募产品时,可能需要更多地考虑私募经理的"个人品牌"。伴随着阳光私募发展的这些年,不断地涌现出一批批的新晋者,也不断地有褪去光环者出现。

对于一个投资经理的考察,并不能简单地以一年的业绩来评判,而需要从更长的周期来考量。通过对阳光私募基金连续三年的业绩比较,可以发现一些明星私募依然表现出强劲的实力。

1. 泽熙投资,徐翔

泽熙投资以及徐翔,一直是私募界中一个响当当的名字,从其管理的产品业绩来看,也确实名副其实。

泽熙投资的私募产品在2013年取得了很好的整体业绩回报,从更长的周期看,其产品的整体业绩回报也可谓"惊艳"。在所有的私募产品中,两年收益排名前两位的都是泽熙投资的产品,分别是"泽熙3期(山东)"以及"泽熙3期",其余几款产品的收益排名也位居前列;同样,在三年收益排名中,泽熙投资有三款产品位列其中,其中"泽熙 3 期"以及"泽熙 5 期"再次包揽前两位。因此,泽熙投资称得上近三年最为成功的私募基金公司。

表 7-3　泽熙投资部分产品连续三年业绩表现

产品名称	单位净值	一年收益排名	两年收益排名	三年收益排名
泽熙 4 期	99.45	30	14	8
泽熙 5 期	108.12	89	18	2
泽熙 3 期(山东)	1.253 0	7	1	—
泽熙 3 期	1.251 2	10	2	1
泽熙 2 期(山东)	1.098 3	100	78	—

2. 重阳投资,裘国根

重阳投资在 2013 年的业绩表现不算非常突出,不过也算得上令人满意。但是从两年以及三年的收益排名来看,重阳投资旗下产品的表现就要靓丽得多了。很显然,老牌私募明星的功底在长期的投资周期内更有发挥的余地。

从重阳投资旗下的私募业绩排名看,其业绩排名相对集中,差距不是很大,这也充分反映出这一公司的整体实力。

表 7-4　重阳投资部分产品连续三年业绩表现

产品名称	单位净值(元)	一年收益排名	两年收益排名	三年收益排名
重阳 10 期	1.372 7	187	54	—
投资精英之重阳(B)	161.25	112	30	—
投资精英之重阳(A)	160.83	114	32	—
重阳 9 期	1.359 4	212	76	—
重阳 1 期	344.27	119	17	42
重阳 2 期	272.86	115	20	39
重阳精选 C 号	128.04	118	23	—
重阳精选 B 号	1.262 2	134	67	—
重阳 5 期	1.427 6	49	13	52
重阳 6 期	148.61	149	36	32
重阳 8 期	127.70	167	47	—
重阳 3 期	159.21	171	65	56
重阳 7 期	1.263 7	133	66	—

3. 博弘数君,刘宏

博弘数君旗下运行时间超过三年的产品数量并不是很多,但是从其众多的两年以上运作周期的产品业绩排名来看,这也是一家整体实力强劲的私募公司。

首先,博弘数君旗下的产品数量众多。其次,这些产品的业绩排名也基本都能令人满意,无论是一年业绩排名还是两年业绩排名,基本都能保持在相当靠前的位置。当然,从博弘数君的产品来看,这家私募基金公司的产品基本专注于定向增发市场,这可能也是其能够在连年熊市中始终保持稳定可观收益的秘密所在。

表 7-5　博弘数君部分产品连续三年业绩表现

产品名称	单位净值(元)	一年收益排名	两年收益排名	三年收益排名
博弘基金(A 类)	1.496 5	34	19	11
博弘定向 15 期	1.140 1	54	39	—
博弘定向 11 期	1.113 6	55	40	—
博弘定向 26 期	1.075 3	62	42	—
博弘定向 6 期	1.107 1	76	43	—
博弘定向 19 期	1.104 3	75	44	—
博弘定向 23 期	1.062 9	61	45	—
博弘定向 27 期	1.122 7	59	46	—
博弘定向 29 期	1.077 6	63	48	—
博弘定向 5 期	1.115 6	60	51	—
博弘定向 24 期	1.097 6	58	52	—
博弘定向 21 期	1.150 1	57	56	—
博弘定向 10 期	0.983 3	98	80	—

4. 博颐投资,徐大成

博颐投资旗下产品的业绩排名也表现出了很好的稳定性、整体性,同时在业绩回报方面也有着很好的高效性。

博颐投资旗下产品的收益排名表现出了令人惊讶的稳定性,这种稳定性不但表现在其不同产品之间的排名差距极小；而且从一年、两年甚至三年的业绩排名来看，其产品业绩的排名基本也没有什么波动。这种稳定并不意味着平庸，在超过 1 000 多款私募产品之中，要将排名始终保持在前 30 的难度绝对不小。

表 7-6   博颐投资部分产品连续三年业绩表现

产品名称	单位净值(元)	一年收益排名	两年收益排名	三年收益排名
博颐稳健 1 期	160.95	22	21	27
博颐精选 2 期	246.80	23	27	33
博颐精选	254.17	29	28	28
博颐精选 3 期	177.87	31	33	34

(四) 新《基金法》带来新机遇

2013 年 6 月 1 日，新《证券投资基金法》正式实施，私募基金自此正式被纳入了法律监管范畴。在新《基金法》新增的第十章共 10 条内容，其规范对象均是非公开募集基金，内容涉及合格投资者制度、运作分配信披制度、备案制度、托管制度、允许达标私募开展公募业务等方面。

此次新《基金法》将私募基金纳入监管范畴，对于私募基金而言具有重要意义。因为这意味着私募基金正式取得了"身份证"。私募基金自诞生以来可谓一路坎坷。从"黑户"，到"灰户"，到"阳光化"，最终取得"身份证"……其身份转变的每一个历程都充满艰辛。而现在，私募基金又将面临着新的发展机遇。

首先，私募产品取得了正式的身份证，使其在法律地位上将与公募基金看齐，因此私募产品将更容易被投资者所接受，所受到的抵触情绪将有所降低。

其次，新《基金法》颁布后，私募基金有资格成为中国证券投资基金业协会的特别会员。截止到 2013 年年底，中国基金业协会的网站数据显示已有 251 家私募已经成为协会的特别会员。成为基金业协会特别会员则是私募申请公募牌照的必要条件，因此对于私募基金而言，发行公募基金将不再是一个梦想。

虽然私募发行公募基金所要求的门槛比较高，但是有资格发行公募基金的私募公司数量也不算少,有些知名的私募机构已有意向作出尝试,已经开始进行内部整改,为发行公募基金做准备,一旦私募机构发行公募基金的具体政策颁布就可启动发行。

当然,未来私募行业竞争加剧将成为一种必然趋势。如 2013 年 2 月,中国保监会发布了《中国保监会关于保险资产管理公司开展资产管理产品业务试点有关问题的通知》(以下简称《通知》),这标志着保险资产管理公司发行私募产品开闸。《通知》规定,向单一投资人发行的定向产品,投资人初始认购资金不得低于 3 000 万元;向多个投资人发行的集合产品,投资人总数不得超过 200 人,单一投资人初始认购资金不得低于 100 万元。但是,私募行业自诞生之日起就始终面临着巨大的竞争压力,竞争的加剧或许更能推动私募行业的发展。

八、券商集合理财产品分析

本章概要

2013 年对于券商而言,无疑是丰收的一年。受惠于多重政策利好因素的刺激,券商资管业务取得了爆发式的增长。

而与此形成鲜明对照的是,券商集合理财产品传统的基础市场——国内证券市场则持续萎靡不振。很显然,券商集合理财产品快速发展的原动力并不来自于其传统领域,而是来自于更多的产品创新。

随着券商产品的急剧增长,一些问题也随之出现。例如,各类产品之间的收益分化日益严重,传统投资领域产品的收益堪忧,产品份额的波动日益严重……但相对其增长速度而言,这些无疑都是喜悦之后的烦恼了。

(一) 券商产品发行量暴增

2012 年年末,券商资管新规颁布,其中明确允许券商发行集合计划份额分级产品。在此之前,债券分级产品始终为基金公司所独享,券商资管新规无异于为券商开辟了一个全新的战场,大大加快了券商创新的速度。同时,券商资管业务的开展也由审批制改为备案制,极大地加速了券商产品的发行速度。因此,2013 年券商产品的发行出现了"火山爆发"般的增速。2013 年,券商产品的发行数量几乎 10 倍于 2012 年的发行数量。

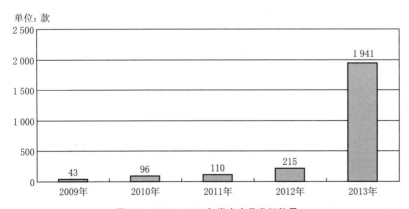

图 8-1　2009—2013 年券商产品发行数量

2013 年全年,共计有 1 941 款券商产品发行,这一数字较 2012 年的 215 款,增幅高达 802.79%。如此增幅,已经不是能用"高速"或是"惊人"所能形容的了。事实上,这就是政策的威力。政策上的松绑,使得券商产品有了大展身手的空间;理财市场的多年发展,也使得券商产品大肆扩容有了基础;其他理财产品类型,例如基金业的一些成功创新案例,也直接使得券商产品有了可借鉴样本,可以实现产品的快速推出。因此,券商产品自新规实施之日起就直接进入了全新的发展阶段。

从 2009 年至 2013 年的情况分析,前 4 年为一个阶段,是在原有模式以及原有限制之下的发展,产品数量有着不小的增速。但是比较 2013 年的情况来看,两者之间的差距根本不可同日而语。

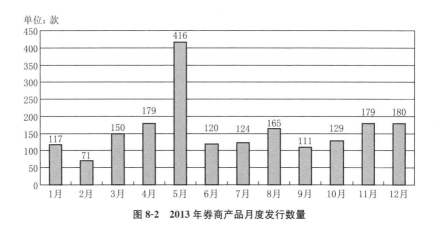

图 8-2　2013 年券商产品月度发行数量

2013 年,券商产品的月度发行速度相对较为平均。其中 2 月由于春节假期因素的影响,发行 71 款,成为全年发行数量的谷底;5 月则发行了 416 款,远远超过正常水平,这也是由于政策因素所造成的。2013 年 3 月底发布了《关于加强证券公司资产管理业务监管的通知》。该《通知》要求,自 2013 年 6 月起不再允许新发大集合产品。因此,5 月份成为券商发行大集合产品的最后期限。大量的赶"末班车"产品集中发行,造成了 5 月新发行产品"井喷"情况的出现。

2013 年,券商发行产品的热情始终高涨,但是投资者的购买兴趣却呈现出明显的快速回落趋势。从月度平均发行份额来看,券商产品的募集金额下降趋势十分明显。2013 年的第一季度,情况表现良好,平均发行份额保持在 3 亿元以上。可是进入 4 月之后,基本就保持着一路下滑的趋势,并最终突破了

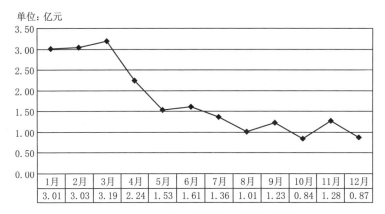

图 8-3　**2013 年券商产品月度平均发行份额**

1 亿元的关口。这可能与两个原因有关,首先就是与大集合产品的退出有一定的关系。其次,2013 年"钱荒"的作用开始显现。

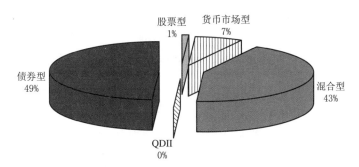

图 8-4　**2013 年新发行券商产品类型比例**

2013 年,债券型产品以及混合型产品成为券商产品发行中的两大主力。由于资产管理新规允许券商发行集合计划份额分级产品,因此债券分级产品成为 2013 年各券商力推的主力。但是天意弄人,2013 年的债券市场遭遇了"钱荒"这一系统性风险事件,投资于债券市场的产品风险陡升,而分级产品的出现更是使得这些风险成倍上升,从而导致巨幅亏损的出现。因此,从这一角度而言,券商产品在 2013 年也可谓出师不利。

2013 年,发行产品最多的券商分别是:海通证券,发行 131 款;华融证券,发行 125 款;国泰君安证券,发行 95 款。

（二）券商产品业绩整体平庸

2013 年,券商产品的业绩表现也受到了各金融投资市场的严重影响:证券市场的整体熊市以及局部行情表现、债券市场遭遇严重的系统性风险、货币市场出现难得的投资良机,这些因素共同决定了券商产品市场业绩表现的主基调。那就是偏股票型的券商产品业绩出现分化,债券型的券商产品业绩下滑,货币型的券商产品业绩走强。

但是外因是一个方面,很多内因也对产品业绩产生了重要影响。例如债券型券商产品就是典型,由于产品创新、分级产品的出现,使得债券型券商产品的业绩出现了剧烈的放大效应。2013 年,业绩表现最差的券商产品莫过于此类债券型分级券商产品。

1. 股票型券商产品业绩差异相对较小

对于股票型券商集合理财产品而言,其整体业绩所表现出的特征与其他同类产品有着较大的相似性,如股票型基金、阳光私募等,这些产品的业绩在2013 年无一例外地表现出了明显的分化。

表 8-1   2013 年股票型券商理财产品表现一览表

名　　　称	单位净值(元)	2013 年涨幅(%)	成立日期	排名
国泰君安君享重阳	1.362 0	63.61	2012-12-27	1
中信卓越成长	1.195 0	29.57	2011-05-19	2
国泰君安君享富利	0.937 7	14.47	2010-10-27	3
招商股票星	1.065 0	12.58	2009-11-04	4
宏源新兴成长	0.952 7	10.13	2011-07-01	5
东北证券 6 号	0.981 0	−0.41	2012-06-21	末 5
华融稳健成长 2 号	0.842 2	−2.02	2012-07-30	末 4
国泰君安君得增	0.965 0	−2.82	2012-05-07	末 3
银河 99 指数	0.857 0	−8.97	2010-12-21	末 2
国泰君安上证央企 50	0.793 7	−12.31	2010-07-15	末 1

由于证券市场近年来始终难以摆脱熊市,因此股票型券商产品的数量并不是很多。其中,截至 2013 年年末,运作时间满一年的产品数量仅有 14 款。在这 14 款产品中,其业绩也出现了明显的分化,2013 年取得正收益的产品有 9 款,负收益的有 5 款。

其中,"国泰君安君享重阳"以 63.61％的收益率稳居收益榜首位,遥遥领先于其他产品。位列收益次席的是"中信卓越成长",收益率为 29.57％。两者之间的差距已经明显拉开,"中信卓越成长"的收益率尚不及"国泰君安君享重阳"收益率的一半。

"国泰君安君享重阳"之所以能够取得如此业绩,应该与其投资策略有关。有别于其他股票型的券商产品,"国泰君安君享重阳"还将股指期货等对冲工具纳入了其投资范围。这也使其能够更好地应对系统性风险。

2013 年业绩排名垫底的股票型券商产品同样也来自于国泰君安。"国泰君安上证央企 50"以－12.31％的收益率排名最末;位列倒数第二位的则是银河证券的"银河 99 指数",2013 年收益率为－8.97％。很显然,这两款产品都是指数型产品,这充分暴露出指数型产品在面临系统风险时的无力。

但是相对而言,若将"国泰君安君享重阳"排除在外,其余股票型券商产品虽然存在着一定的业绩差距,但是相较其他产品类型中的同类产品,其离散程度明显较小。

2. 东方红系称雄混合型券商产品

"东方红系列"一直可以称得上是券商集合理财产品中响当当的品牌。东方证券不但较早就已涉足到理财产品的行列中,而且数年来其产品的业绩也往往能够脱颖而出。2013 年的情况也同样如此。

表 8-2　2013 年混合型券商理财产品表现一览表

名　　称	单位净值(元)	2013 年涨幅(％)	成立日期	排名
东方红 5 号	1.409 3	46.83	2010-02-05	1
中银中国红稳定价值	1.112 0	43.11	2010-11-19	2
东方红 4 号	2.128 4	41.31	2009-04-21	3
招商智远成长	1.349 0	41.26	2010-04-30	4
东方红新睿 1 号	1.356 1	35.94	2011-09-05	5

（续表）

名　称	单位净值(元)	2013 年涨幅(%)	成立日期	排名
方正金泉友 3 号	0.843 5	−12.30	2011-08-26	末 5
中银国际中国红基金宝	0.747 1	−14.47	2009-12-10	末 4
齐鲁金泰山	0.568 5	−14.92	2009-08-13	末 3
中航金航 2 号	0.624 6	−19.96	2011-01-27	末 2
齐鲁金泰山 2 号	0.504 3	−20.99	2010-07-16	末 1

2013 年,位列混合型券商产品收益前五位的分别是:"东方红 5 号"、"中银中国红稳定价值"、"东方红 4 号"、"招商智远成长"、"东方红新睿 1 号",它们所对应的收益率分别是 46.83%、43.11%、41.31%。41.26%、35.94%。其中,来自于上海东方证券资产管理公司的东方红系列产品就在其中占据了 3 席,其实力可见一斑。

事实上,东方红系列产品的优异表现不仅体现在这三款产品中,其他一些产品的收益排名也位居前列。例如,"东方红公益"位列收益排名第七,"东方红先锋 6 号"位列第十。除了收益排名前五中占据 3 席,前十位中占据 5 席以外,在前二十位排名中,东方红系列共占据了 11 席;在前三十位排名中,东方红系列共占据了 15 席。整体实力的强大造就了东方红系列的集体爆发。

2013 年,齐鲁证券的"齐鲁金泰山 2 号"以−20.99%的收益率位居收益最末,此外齐鲁证券的"齐鲁金泰山"也以−14.92%的收益率位居收益倒数第 3 位。很显然,齐鲁证券在 2013 年的"答卷"并不能令人满意。

相对而言,混合型券商产品的业绩相对较为均衡。从业绩排名前 5 的产品看,其业绩差距仅有 10.89%。而收益首位差距为 67.82%,也要明显小于其他同类产品。或许券商的先天优势使其更能够在 2013 年的证券市场环境中发挥。

3. FOF 型券商产品无优势

FOF 型券商产品,就是将资金投向公募基金的券商产品。这样做的目的有两个,首先就是借助于公募基金的投资管理能力;其次就是分散风险,以起到平滑收益曲线的作用。

但是从 2013 年的实际业绩表现来看,FOF 型券商产品的表现并不能令

人满意,或者说,从其业绩表现看,FOF 型券商产品并不能体现其平滑收益曲
线的作用。

表 8-3　2013 年 FOF 型券商理财产品表现一览表

名　　称	单位净值(元)	2013 年涨幅(%)	成立日期	排名
申银万国 3 号基金宝	1.034 2	15.59	2010-11-18	1
广发理财 4 号	1.006 9	13.65	2007-02-09	2
东方红基金宝	1.063 3	12.44	2010-06-24	3
中投汇盈基金优选	0.973 1	12.20	2011-05-03	4
浙商汇金 1 号	1.160 2	11.63	2010-04-30	5
财通金色钱塘基金优选	0.859 7	−6.22	2011-09-22	末 5
华泰理财三号	1.153 2	−8.03	—	末 4
国泰君安上证央企 50	0.793 7	−12.31	2010-07-15	末 3
中银国际中国红基金宝	0.747 1	−14.47	2009-12-10	末 2
中航金航 2 号	0.624 6	−19.96	2011-01-27	末 1

2013 年,FOF 型券商产品收益排名前 5 位的分别是:申银万国 3 号基金
宝,收益率为 15.59%;广发理财 4 号,收益率为 13.65%;东方红基金宝,收益率为
12.44%;中投汇盈基金优选,收益率为 12.20%;浙商汇金 1 号,收益率为 11.63%。

收益排名末 5 位的分别是:中航金航 2 号,收益率为−19.96%;中银国际中
国红基金宝,收益率为−14.47%;国泰君安上证央企 50,收益率为−12.31%;华
泰理财三号,收益率为−8.03%;财通金色钱塘基金优选,收益率为−6.22%。

2013 年,FOF 型券商产品收益首位差距为 35.55%,明显小于股票型或是
混合型券商产品,似乎起到了一定的平滑收益作用。但是如果仔细分析,就可
以发现,2013 年的 FOF 券商产品只是起到了单向的平滑收益作用,即只平滑
了正收益端,而对负收益端的作用极弱。这就造成了 2013 年 FOF 型券商产
品赚的比别人少很多,亏的却不比别人少的现象。

4. 债券型券商产品爆巨亏

债券型产品历来给投资者的印象就是,相对较为稳健,风险也要小于股票
型或是混合型产品。但是 2013 年,债券型券商产品的业绩表现却彻底颠覆了
这一固有印象。

2013 年多款债券型券商产品业绩爆出大幅亏损,个别产品的亏损幅度甚至远超股票型券商产品。这实在不能不令人惊讶。

表 8-4 2013 年债券型券商理财产品表现一览表

名　　称	单位净值(元)	2013 年涨幅(%)	成立日期	排名
民族金港湾 1 号	1.015 6	10.19	2012-09-17	1
光大阳光 5 号	1.275 3	9.60	2009-01-21	2
大通三石二号 B	1.049 0	9.50	2012-12-18	3
华鑫鑫财富智享 1 号	1.013 8	8.24	2012-11-29	4
国泰君安君享汇创一号	1.081 0	7.35	2012-11-29	5
齐鲁锦泉 2 号	0.923 6	−9.60	2012-09-18	末 5
创业创金稳定收益 1 期 B	0.812 0	−19.28	2012-12-24	末 4
国联玉玲珑 1 号	0.811 0	−19.36	2012-03-02	末 3
大通通达一号 C	0.607 6	−44.68	2012-12-12	末 2
海通月月赢风险级	0.469 5	−53.05	2012-12-24	末 1

2013 年,债券型券商产品收益排名前 5 位的分别是:民族金港湾 1 号,收益率为 10.19%;光大阳光 5 号,收益率为 9.60%;大通三石二号 B,收益率为 9.50%;华鑫鑫财富智享 1 号,收益率为 8.24%;国泰君安君享汇创一号,收益率为 7.35%。

收益排名末 5 位的分别是:海通月月赢风险级,收益率为−53.05%;大通通达一号 C,收益率为−44.68%;国联玉玲珑 1 号,收益率为−19.36%;创业创金稳定收益 1 期 B,收益率为−19.28%;齐鲁锦泉 2 号,收益率为−9.60%。

在 2013 年"钱荒"爆发的背景之下,债券型产品遭遇了一次严重的系统性风险,因此对于那些取得正收益的债券型券商产品而言,尤其是那些收益居前的产品,其表现可算上佳。

但是从收益排行的末几位来看,亏损幅度可谓惊人。尤其是 53.05%以及 44.68%的亏损幅度,即便是放在风险较大的股票型产品中也绝对算得上惊人。

之所以出现这样的情况,事实上与产品的创新有着最为直接的关系。自 2013 年以来,围绕着债券类产品,各类金融机构都进行了一系列的创新。其中,分级式债券产品的大量出现就是最直接的后果。由于这些产品运用了一定的杠杆系数,从而可能获取较高的收益,但同时也承担了较高的风险。而

2013年债券市场正巧面临着极大的系统性风险,于是在杠杆的作用下,这些承担了较大风险的普通级、次级、进取型或B类产品的亏损幅度自然也就成倍放大。

事实上,由于大量的此类产品成立于2013年,因此并未被纳入此次统计范围内,但是这些产品也出现了大幅的亏损现象。从这个角度而言,投资者在面对创新型产品时,一定要擦亮眼睛,创新很可能是一把"双刃剑"。

5.货币型券商产品受惠于"钱荒"

同货币型基金一样,2013年的货币型券商产品也同样受益于"钱荒"的爆发,所有产品都保持了正收益。

表8-5　2013年货币型券商理财产品表现一览表

名　　　称	2013年总回报(%)	成立日期	排名
华泰紫金定存宝	4.84	2012-09-20	1
华泰紫金天天发	4.74	2012-08-21	2
国泰君安君得利1号	4.72	2005-10-11	3
国泰君安君得利2号	4.34	2010-12-23	4
中银国际中国红货币宝	4.18	2010-05-24	5

2013年,货币型券商产品收益排名前5位的分别是:华泰紫金定存宝,收益率为4.84%;华泰紫金天天发,收益率为4.74%;国泰君安君得利1号,收益率为4.72%;国泰君安君得利2号,收益率为4.34%;中银国际中国红货币宝,收益率为4.18%。

虽然货币型券商产品整体保持正收益,但是并不能将这一结果归功于券商管理能力的强大。事实上,如果比照一下货币型基金在2013年的收益情况不难发现,货币型券商产品还是存在一定的差距。很明显,在面临同样的利好环境时,券商在货币市场上的主动管理能力以及操作能力稍嫌不足。

6.QDII型券商产品受惠于"钱荒"

2013年的国内证券市场可谓一片愁云惨淡,但是与之形成鲜明对比的是海外市场,尤其是海外发达国家的主要证券市场却是一路高歌猛进。因此对于 QDII 类产品而言,这无疑是一个好消息。

但是,很可惜的是,目前国内的 QDII 产品数量远远不及投资国内市场的产品数量,而 QDII 型券商产品也面临着同样的窘境。当海外市场分享投资盛宴之时,我们尴尬地发现,原来我们只是一个"旁观者"而已。

表 8-6　2013 年 QDII 型券商理财产品表现一览表

名 称	单位净值(元)	2013 年涨幅(%)	成立日期	排名
华泰紫金龙大中华	1.094 0	18.91	2011-02-15	1
光大全球灵活配置	1.089 0	18.89	2011-05-30	2
国泰君安君富香江	0.714 0	11.74	2010-09-30	3
国信金汇宝人口红利	1.028 0	2.37	2012-11-29	4

2013 年,仅有 4 款 QDII 型券商产品成功运作了一个完整年度。它们分别是:华泰紫金龙大中华,收益率为 18.91%;光大全球灵活配置,收益率为 18.89%;国泰君安君富香江,收益率为 11.74%;国信金汇宝人口红利,收益率为 2.37%。

虽然产品数量几乎可以忽略不计,但是值得欣慰的是,上述产品全部实现了正收益。

(三) 券商理财产品独享政策红利

2013 年券商集合理财产品的飞速发展在很大程度上得益于《证券公司客户资产管理业务管理办法》(下称《管理办法》)的实施。这一《管理办法》公布于 2012 年末,在该办法及其配套实施细则中,"小集合"产品被全面松绑。由于"小集合"产品被定位于私募,因此投资范围被全面放开,其投资范围包括"证券期货交易所交易的投资品种、银行间市场交易的投资品种以及金融监管部门批准或备案发行的金融产品"。这相当于券商小集合产品获得了当前金融理财产品市场的"全牌照",全市场的投资视野使得券商产品在 2013 年的创新不断。

从 2013 年券商资管产品的发展来看,很明显可以分为两个阶段,其分水岭就是中国证监会于 2013 年 3 月底发布的《关于加强证券公司资产管理业务监管的通知》。该《通知》明文规定自 2013 年 6 月 1 日后,大集合产品将不再允许新设,符合条件的券商可以开展公募基金业务。因此,可以将 2013 年的券商集合理财产品市场简单地分为上半年阶段以及下半年阶段。

1. 上半年"圈地运动"

根据证券业协会数据显示,截至 2013 年 6 月底,114 家证券公司的受托管理资金本金总额达到 3.42 万亿元。而 2012 年和 2011 年,券商受托管理资金本金总额分别为 1.89 万亿元以及 2818.68 亿元。很明显,2013 年上半年券商集合理财产品规模取得了惊人的增速。

与之形成鲜明对照的是,截至 2013 年 6 月底,基金的总资产不过 3.49 万亿元,其中包括 2.52 万亿元公募资产和 9 682.7 亿元非公募资产。两者之间的差距已经微乎其微,最终于 2013 年下半年顺利实现超越。

对于券商集合理财产品于 2013 年上半年的高速增长可以用一个词语来形容,那就是"圈地运动"。这是由于在资产管理规模急剧增长的同时,来自于资产管理的收益却没有表现出同步的增长势头。

同样根据证券业协会数据显示,截至 2013 年 6 月,114 家券商受托客户资产管理业务净收入 28.80 亿元,仅占资管总额的 0.084%。2012 年和 2011 年,券商受托客户资产管理业务净收入分别为 26.76 亿元、21.13 亿元,分别占资管总额的 0.142%、0.218%。收入占比的迅速下滑,也反映出几个事实。首先,在券商资管业务爆发式增长的过程中,券商的"话语权"并没有得到体现;其次,相较于收入的增长,券商们或许更注重的是"跑马圈地",以期在其后的业务拓展中占得先机。

券商之所以没有足够的"话语权",与他们对于通道业务的严重依赖程度有关。事实上,在 2013 年的 3.42 万亿元资管总额中,券商集合理财产品所占的份额并不大,大量的都是利润微薄且收益下滑严重的通道业务。券商之所以在几乎无利可图的情况下依然愿意扎堆通道业务,很大程度上是基于长远打算,以市场占有率为日后的业务开展打下良好的基础。

2. 大集合产品的谢幕演出

2012 年末发布的《证券公司客户资产管理业务管理办法》为券商小集合产品彻底松了绑;而 2013 年 3 月底发布的《关于加强证券公司资产管理业务

监管的通知》(以下简称《通知》)则宣告了大集合产品命运的终结。该《通知》要求,自 2013 年 6 月起不再允许新发大集合产品。

于是,自《通知》发布的 3 月起,直至《通知》所规定的最后期限,在 3 个月内,券商集合理财产品的发行速度出现了明显加速,并最终于 5 月达到了顶峰。

正如图 8-2 所显示的,2013 年 1—6 月,券商集合理财产品发行数量分别为 117 款、71 款、150 款、179 款、416 款、120 款。很明显,3 月、4 月以及 5 月的产品发行数量明显高于其他月份,其中 5 月的产品发行数量更是惊人,数倍于正常产品发行速度。

很显然,券商们大都想着赶上大集合产品的末班车,一些原先就在计划内或原本计划于稍后发行的产品都集中在这几个月内集中发行,才造成了难得一见的"赶场"现象。

3. 小集合产品的一枝独秀

大集合产品的政策性退出市场,直接造就了券商集合理财产品中的小集合产品的一枝独秀。而小集合产品一枝独秀的原因,却也并不简简单单的是由于大集合产品的退出。如果没有投资者的认可,那么小集合产品也是很难获得大发展的。

所谓的小集合产品,是"限额特定资产管理计划"的俗称。其产品特征是:募集资金规模在 50 亿元以下;单个客户参与金额不低于 100 万元;客户人数在 200 人以下,但单笔委托金额在 300 万元以上的客户数量不受限制。

很显然,券商小集合产品是一种针对中高端投资者的理财产品,而券商资管新政中,对于此类产品进行了大幅度的松绑。除了券商产品传统的投资市场以外,融资融券、正回购交易都在其投资范围以内,甚至还包括了商品期货、利率远期、利率互换、信托计划等投资工具。特别是针对"一对一"的定向资产管理计划,资管新政采取了更为灵活的规定,投资范围可由券商与客户协商确定,只要是不违反法规且得到客户认可的项目就可以成立。因此,小集合产品已成为理财产品市场中投资范围最为广泛的理财品种,简而言之,即凡是其他理财产品能投资的领域都能涉足。

最为灵活的投资范围,使得小集合产品有了更多的产品创新余地,也使得小集合产品在与其他理财产品的竞争中占尽了优势。这也是 2013 年券商理财增长最快的最根本原因。

（四）券商理财产品创新不断

2013 年，券商理财出现了很多创新行为，而这是由多方面因素共同造就的。

首先，是由于政策上的松绑。这极大地拓宽了券商理财的投资视野，券商在发行产品时可以有更多的选择余地。

其次，是由于券商产品传统投资领域——国内证券市场，在 2013 年始终萎靡不振。这直接造成了相关产品在收益上难以取得令人满意的成果，这也直接削弱了传统产品的竞争力。投资者们更愿意接受那些收益较为可观的固定收益型产品。因此，如果券商不在创新上多下功夫，那么最终等待他们的可能只有苦果。

此外，对于券商理财而言，或许很多投资领域都是新开放的。就大理财市场而言，在相应的投资领域中都往往有了较为成熟的产品类型。因此，对于券商产品而言或许是创新，但从大的范围而言，更多的可能是借鉴，难度也大大降低了。

2013 年，由于券商资管新规的松绑，使得券商理财产品表现出了极大的多样性，这种多样性不仅表现在投资范围的扩大上，同时在投资方式以及风险管理上也同样如此。

信托产品是最近几年最受投资者关注的理财产品，因此很多券商在没有了投资限制之后，纷纷推出了"类信托"的券商产品。例如，上海证券所发行的"普天并购限额特定集合资产管理计划"就是一款典型的"类信托"产品。其将募集资金全部投资于"新华信托·普天核心资产并购基金集合资金信托计划"的 B 类信托单位。通过这一设计，使得券商产品进入到信托产品市场中。这一券商与信托公司合作，共同发行信托产品的模式在 2013 年并不罕见。

基金市场也是券商产品在 2013 年的"范本"之一。2012 年，火爆一时的短期债基成为券商 2013 年的模仿对象。例如，申银万国证券推出的"申银万国灵通丰利 90 天 3 号限额特定集合资产管理计划"、海通证券推出的"海通月月财集合资产管理计划"等,都属于这一情况。

　　此外,对冲产品也成为部分券商的"新宠"。例如国金证券就在 2013 年发行了多款对冲产品,而国都证券也同样对对冲型产品有着偏爱。

表 8-7　2013 年部分券商对冲产品

产品名称	管理人	发行起始日	产品成立日
国金歌赋山对冲	国金证券	2013-01-25	2013-05-08
银河对冲 1 号	中国银河证券	2013-02-25	2013-03-21
广发金管家理财法宝量化对冲 1 期	广发证券	2013-03-21	2013-04-25
中银国际中国红套利对冲 OTC1 号	中银国际证券	2013-04-15	2013-05-14
中信量化对冲 1 号	中信证券	2013-04-22	2013-05-15
安信量化对冲 1 号	安信证券	2013-04-26	2013-05-14
国泰君安君享对冲 7 号	国泰君安证券	2013-05-09	2013-06-04
国都称意对冲 1 号	国都证券	2013-05-15	2013-05-27
国都称意对冲 2 号	国都证券	2013-05-15	2013-05-27
国金慧泉量化对冲 2 号	国金证券	2013-06-13	2013-07-05
国金慧泉量化对冲 3 号	国金证券	2013-06-13	2013-07-05
国金慧泉量化对冲 5 号	国金证券	2013-06-13	2013-07-05
国金慧泉精选对冲 1 号	国金证券	2013-08-15	2013-09-06
东兴金选对冲 2 号	东兴证券	2013-08-07	2013-08-15
国都称意对冲 5 号	国都证券	2013-08-26	2013-08-30
国金慧泉精选对冲 2 号	国金证券	2013-10-14	—

九、2014 年理财产品市场展望

本章概要

　　对于 2014 年而言,国际市场将会展现出更为积极的一面。美国经济复苏的势头将更为明显,欧洲情况也将出现向好的迹象。

　　对于国内市场而言,"稳增长、调结构、促改革"的九字方针将成为未来经济改革的依据。其中"促改革"或将成为未来中国经济发展的新动力。

　　随着金融领域一些新规则的出台,金融创新将在 2014 年发挥更大的作用,国内理财产品市场之间的壁垒将会逐渐弱化乃至消弭。创新的不断涌现,竞争的不断加剧,将会使得 2014 年的理财产品市场出现巨大的变化。

(一) 国际市场——经济正逐渐好转

　　就 2014 年而言,金融危机之后的全球经济将会出现好转。美国经济在 2013 年出现了明显的好转迹象,2013 年年末,美联储更是出人意料地宣布缩减购债,这无疑佐证了美国经济向好的趋势。

　　欧洲的复苏步伐则相对显得蹒跚,其复苏的势头显然没有美国那么明显,依然好坏参半的数据面表明其恢复之路要更为艰难曲折。但是对于欧洲而言,或许情况没有继续向更为严重的那端发展就是最好的消息了。更何况,部分数据还显示出了一定的积极因素。同时,在 2014 年,中国经济的稳定以及美国经济复苏的可以预期,也能对欧洲经济复苏带来良好的帮助。

1. 欧洲情况正显露好转迹象

　　在 2013 年年末,欧洲传出了一些经济复苏的好消息。例如,爱尔兰财政部长努南 12 月 13 日在首都都柏林宣布,爱尔兰成为第一个走出欧盟与国际货币基金组织纾困机制的欧元区国家。希腊经济有了初步复苏的信号。2013 年 12 月初希腊议会通过了一项预算案,该预算案可以使希腊经济在 2014 年摆脱衰退,并实现 0.6% 的增长。显然,欧洲经济已经出现了好转的迹象。

但是,很显然欧洲地区的经济复苏要远远落后于美国。无论是拐点的出现时点,还是经济数据的公布以及预期,目前来看还并不能骤下断言。总体来看,并不能认为欧洲就此好转,而只能认为其有了积极向好的迹象,而且这种向好的迹象也是微弱的,极易受到外部环境的干扰。

但是值得庆幸的是,欧元经济复苏的一些外部环境的好转能够在2014年对其产生积极的作用。中国经济依然能够保持稳定增长,美国经济复苏的势头已经相当明显,不同经济体之间开始逐渐恢复竞争与提携交织的正常形态。这将有利于欧洲在2014年出现更为明显的好转趋势。

相对于美国经济复苏的步伐,欧洲的进程要缓慢得多,2014年宽松政策依然会得到持续。随着其他经济体宽松政策的逐渐退出,全球宽松所带来的相互"抵消"效应也将逐渐消失。这也将对其2014年的复苏产生积极的作用。

2. 美国围绕经济复苏展开政治博弈

2013年,美国经济复苏的迹象已较为明显,从一些关键数据来看,其经济复苏的势头还相当不错。如根据美国劳工部2013年12月6日公布的数据显示,美国11月非农就业报告增加20.3万个,增幅高于预期的18.5万个。11月失业率也降至7.0%,为5年低位。

根据联合国2013年12月18日发布的《2014年世界经济形势与展望》报告预计,2014年美国经济将增长2.5%。由于居民消费、住房和劳动力市场的改善,2014年美国经济将加速增长。

所有的一切,都显示出美国经济已经开始摆脱了金融危机的影响。因此,过去几年的"弱势"美元将会结束,取而代之的将会是美元的强势。

美元汇率走强、美债收益率也将由于经济复苏以及缩减QE而走高,这都将使得资金逐渐向美国转移。而与之相反,其他一些主要经济体由于各自经济复苏进程不一,因此宽松政策依然将会维持,特别是欧元区更是如此。这也会在很大程度上助长美元在2014年的强势。

虽然美国经济复苏的情况令人乐观,但也不是全无风险。这种风险可能更多的是来自于政治层面。两党纷争在2013年已经给美国经济复苏进程平添了很多波折,对于2014年而言,这一风险同样也不容小觑。此外,缩减QE的进程安排也将会对美国经济乃至世界经济、金融增加很多不确定因素。

（二）国内市场——稳增长、调结构、促改革

中国共产党第十八届中央委员会第三次全体会议于 2013 年 11 月 9 日至 12 日在北京举行。会上，"稳增长"、"调结构"、"促改革"再次为今后经济工作的开展定下了主基调，而这九字方针也是 2013 年经济改革的一种延续。

1. 2014 年经济工作六大任务

2013 年 12 月 10 日至 13 日，中央经济工作会议在京举行，习近平总书记在会上发表重要讲话，分析当前国内外经济形势，总结 2013 年经济工作，提出 2014 年经济工作的总体要求和主要任务。李克强总理在讲话中阐述了 2014 年宏观经济政策取向，对经济工作作出具体部署，并做了总结讲话。

在此次会议上，确定了 2014 年经济工作中的六大任务：

第一，切实保障国家粮食安全。必须实施以我为主、立足国内、确保产能、适度进口、科技支撑的国家粮食安全战略。要依靠自己保口粮，集中国内资源保重点，做到谷物基本自给、口粮绝对安全。更加注重农产品质量和食品安全，转变农业发展方式，抓好粮食安全保障能力建设。

第二，大力调整产业结构。要着力抓好化解产能过剩和实施创新驱动发展。坚定不移化解产能过剩，不折不扣执行好中央化解产能过剩的决策部署。大力发展战略性新兴产业，加快发展各类服务业，推进传统产业优化升级。创造环境，使企业真正成为创新主体。政府要做好加强知识产权保护、完善促进企业创新的税收政策等工作。

第三，着力防控债务风险。要把控制和化解地方政府性债务风险作为经济工作的重要任务。加强源头规范，把地方政府性债务分门别类纳入全口径预算管理，严格政府举债程序。明确责任落实，省区市政府要对本地区地方政府性债务负责任。强化教育和考核，从思想上纠正不正确的政绩导向。

第四，积极促进区域协调发展。要继续深入实施区域发展总体战略，完善并创新区域政策，重视跨区域、次区域规划。坚定不移实施主体功能区制度，扎扎实实打好扶贫攻坚战。

第五，着力做好保障和改善民生工作。要继续按照守住底线、突出重点、完善制度、引导舆论的思路，切实做好改善民生各项工作。把做好就业工作摆到突出位置，重点抓好高校毕业生就业和化解产能过剩中出现的下岗再就业工作。努力解决好住房问题，加大廉租住房、公共租赁住房等保障性住房建设和供给，做好棚户区改造。加大环境治理和保护生态的工作力度、投资力度、政策力度。

第六，不断提高对外开放水平。要保持传统出口优势，创造新的比较优势和竞争优势，扩大国内转方式调结构所需设备和技术等进口。加快推进自贸区谈判，稳步推进投资协定谈判。营造稳定、透明、公平的投资环境，切实保护投资者的合法权益。加强对走出去的宏观指导和服务，简化对外投资审批程序。推进丝绸之路经济带建设，建设 21 世纪海上丝绸之路。

2. 稳增长，调结构，关键在促改革

"稳增长"、"调结构"的提出已不是一年两年的事了，几乎已快成为老生常谈了。但是需要重视的是，此次的提法较往年有着显著不同。相同的字眼背后，隐藏着截然不同的改革思路。

事实上，中国经济增长经历了数十年的快速增长之后，原有的经济增长模式已经进入到了明显的"瓶颈期"。原有的以廉价劳动力为主要核心竞争力，成为世界加工厂的中国经济已取得了世所瞩目的成绩。但是随着经济体量的增大，原有模式已无太大的增长空间；同时，国民对于民生的关注也使得廉价劳动力这一核心竞争力正在逐步削弱乃至消失。

因此，找到中国经济发展的新"引擎"是关键所在。

从中共十八届三中全会来看，此次会议的一大核心就是"改革"。全会报告明确提出："经济体制改革是全面深化改革的重点，核心问题是处理好政府和市场的关系，使市场在资源配置中起决定性作用和更好发挥政府作用。""要完善产权保护制度，积极发展混合所有制经济，推动国有企业完善现代企业制度，支持非公有制经济健康发展。""建设统一开放、竞争有序的市场体系，是使市场在资源配置中起决定性作用的基础。"

强化市场作用，推进非公经济，弱化行政干预，这是今后改革的根本。"促改革"将会成为"稳增长"、"调结构"能否成功的关键所在。

3. 地方债成为关注焦点

近几年,关于地方债的问题一直是国内金融市场的热点。根据审计署于 2013 年 6 月发布的区域性地方债务抽查报告显示,截至 2012 年年底,36 个地方政府债务余额达到 3.85 万亿元人民币,两年增长 12.94%,其中 16 个地区债务率超过 100%。虽然我国与美国不同,没有地方政府破产的问题,但是债务过高的情况确实有可能成为一大高位风险。

除了地方债务率高企的问题以外,地方财政长期依赖土地财政的现实,也使得两大高危风险互相纠缠、互相牵制,从而导致很多调控措施难以起到根本有效的作用。同时,从实际情况看,国内经济当前存在的诸多问题,也与地方债务有着较大的关联性,如部分行业产能过剩问题严重、结构性就业矛盾突出、生态环境恶化等。

也正因此,地方债务问题引起了前所未有的关注,成为 2014 年经济工作中的重点工作之一。

值得注意的是,这可能对 2014 年的理财市场产生很大的影响。据粗略估计,大约一半的地方政府债务都是在 2008 年 4 万亿元经济刺激计划之后产生的。在这些激增的地方债务中有很大一部分是通过一些地方投融资平台来实施的,比如大量的政信合作产品。一旦对此进行严控,或许有部分地方难以通过"借新还旧"的方式来使债务延期,因此可能会有风险事件爆发。

对于理财产品市场而言,与地方政府债务相关的理财产品份额占据了相当的比例。一旦进行严控,也将迫使理财产品市场进行更多的产品创新以填补空缺。

(三) 理财产品市场正处于里程碑式的阶段

对于 2014 年的理财产品市场而言,或许将迎来一个与之前数年情况大不相同的局面。这种预期则是建立在 2013 年已经出现的种种变化以及相关政策的变化上。利率的市场化,虽然目前的规定让几乎所有的银行执行着上限的存款利率,从而使得利率的市场化并没有得到很好的体现。但事实上,随着各银行的理财产品预期收益上的差异日渐拉大,不妨将之视为一种"变相的存款利率市场化";IPO 的重启、注册制的实行以及优先股的试点,将随之出现一大批围绕着证券市场的创新型产品;互联网金融的爆发式增长,更多实力机构的介入,也将打破原有理财产品市场中传统金融企业唱"独角戏"的局面。

或许在将来回顾 2013 年以及 2014 年,会发现这对于中国的理财产品市场而言,是一个具有里程碑式的历史阶段。

1. 证券市场——机会大于风险

2014 年的证券市场整体上将会给投资者们带来更大的机会。中国证监会主席肖钢自 2013 年 3 月上任之后,在证券市场的制度性改革上作出了新的部署。在漫长的 IPO 停摆期中,中国证监会明显加强了对于欺诈上市、信息披露违规的立案稽查力度,一些原先排队等待上市圈钱的问题企业则在稽查中悄然消失。这显然是对证券市场非常有利的正本清源之举。

肖钢主席关于中国证券市场的"五指论",更凸显其对于证券市场各参与角色的定位思考,而反映出了未来证券市场改革的整体思路。在 2013 年 11 月末,中国证监会同时发布了包括新股发行体制改革、优先股试点、严格借壳上市审核标准、推动上市公司现金分红等在内的资本市场改革新政,正是这一思路的体现,其核心就是完善市场化运行机制。

在 2013 年 11 月召开的中共十八届三中全会,更是指出"经济体制改革是全面深化改革的重点,核心问题是处理好政府和市场的关系,使市场在资源配置中起决定性作用和更好发挥政府作用"。从字里行间不难看出,未来关于"市场"与"政府"的职能定位。这或许能为未来中国经济继续有效增长带来持续的动力。

制度上的改革以及实体经济发展方向的明朗化,都为未来证券市场的复苏打下了基础。当然,届时究竟会取得怎样的效果,除了上述的几个因素以外,还需看在政策实施过程中存在多大程度上的偏离。但不管怎样,这并不妨碍我们对其寄予期望。

2. 黄金——将进入稳定区域

挥别了惨不忍睹的 2013 年,对于黄金而言,2014 年或许短时间内依然难以摆脱走弱的趋势,但是随着价格的大幅下挫,原先由于高企的价格而带来的价格势能风险已经被大大地释放了。2014 年,黄金价格将会进入一个相对稳定的价格区间,也就是进入一个底部区域。

欧元区复苏的反复以及美元宽松退出时间的选择,将依然是影响未来黄金价格的重要因素。但是,相较于前几年金融危机肆虐的时期,市场对于最终结果都已有了较为明晰的判断,差别可能仅在于时点的判断差异上。因此,这些因素可能仅会对黄金价格产生阶段性的影响,而非更大维度内的影响了。

对 2014 年黄金价格最大的利好就是,2013 年价格的大幅下挫。价格的暴跌不但释放了十年牛市所累计的风险,同时也使得黄金生产企业的超额利润成为历史。黄金价格逼近生产成本,这使得其价格继续大幅下挫的可能性大大降低;即便下跌,在幅度以及持续时间上也是相对有限的。

对于 2014 年而言,黄金或许难以找到使其翻身的理由,但是最糟糕的情况或许已经过去,也可能即将过去。

3. 房产市场——分化日益明显

2014 年的房产价格跌还是涨?这恐怕依然是每一个中国人最关心的一大话题。根据种种迹象,或许可以作出这样的判断,那就是中国房地产市场正在进入新的发展阶段。过去的那种全国房价齐涨的情况已成过去式,房产市场将进入一个明显的分化时期。这在 2013 年就已可见端倪。

根据国家统计局的统计数据,2013 年全国 70 个大中城市中,69 个城市的房价出现不同程度的涨幅,其中北上广深的房价涨幅始终领跑全国。而唯有温州的房价较同期出现下跌,根据来自温州的部分投资者反映,温州的房价与高点时相比,普通跌幅都在三四成。

事实上,房价下跌的情况不但存在于重点监测的 70 个大中城市,在中小城市中这种情况就更为常见了。屡屡见诸媒体的"鬼城"称呼,绝非一城一地,而在"鬼城"背后的则是房价的下跌。

房价上涨的基础有两个,那就是"有人"、"有钱"。"有人"意味着刚需的存在;"有钱"意味着购买力的存在。因此要判断 2014 年房价的大势,那么就是具体分析,该处"人"、"钱"两大要素的增量情况。从这个角度而言,各主要一线、二线城市,以及区域性中心城市,随着这两大基本要素的持续流入,房价将依旧保持坚挺；而很多三、四线城市的情况就堪忧了。

从房地产调控政策方面来看，总体保持原有的调控力度。在具体措施上有松有紧，如市场秩序整顿、继续推进房产税试点、放松房企再融资等，从中不难看出"整体求稳"的意图。

综合以上因素，2014 年的房地产市场将出现明显的分化，一、二线城市的房价将保持着可以被容忍范围内的涨幅，而三、四线城市的房价则存在着较大的下跌可能性。

4. 银行理财产品——竞争将趋全面、激烈

银行理财产品对于国内银行的意义正日益凸显，这也使得各大银行必将在 2014 年对其更为重视。

2013 年 6 月，国内金融业遭遇了史上罕见的"钱荒"。隔夜拆借利率涨幅涨幅迅猛，从 4.5％的水平，接连上冲 10％、20％、30％等整数关，这一罕见的"事件"充分说明了银行对于资金的渴求。

对于银行业而言，对于资金的渴求是近几年的一种常态。银行，特别是大量股份制银行，强烈的业务扩张冲动，使得它们长期处于对资金的渴求之中。而这种由业务扩张冲动而带来的内发式资金渴求也将在 2014 年产生巨大影响，甚至对于今后几年也可能存在影响。

对于资金的渴求，使得银行理财产品的预期利率自 2013 年起就一路水涨船高，直至 2013 年年末更是普遍超越了 6％的水平，部分股份制银行的产品预期收益更是达到了接近 7％的水平。虽然，随着时间阶段的不同，各银行对于资金渴求程度也会存在差异，但是可以相信，各银行对于资金的争夺必将会在其产品预期上得到体现。

在 2014 年，银行理财产品的竞争不仅会在产品预期收益上得到体现，在产品所涉及的投资领域上以及投资渠道上都会得到体现。

随着互联网金融的兴起，特别是"余额宝"的成功案例，使得各大银行纷纷加快了进军互联网金融的步伐。同时，在以"微信"为代表的手机互联网平台上，也已有不少银行，特别是股份制银行开始积极布局。相信在 2014 年，以银行为代表的金融机构将会成为互联网金融中举足轻重的一股力量。

随着一些政策以及外部环境的变化，银行理财产品或许也会更趋多样

性。例如随着 IPO 的重启,涉足新股申购市场产品的出现似乎顺理成章;同时,随着中国银监会允许商业银行小范围进行银行资管计划试点,这必然导致银行理财产品在投资工具以及投资领域的选择上更具灵活性以及自主性。

因此,2014 年银行理财产品市场的竞争将会加剧,这种竞争并不局限于各家银行之间,同时也将体现在银行与券商、基金以及信托公司之间。

5. 信托——改变必将出现

信托理财产品市场目前已俨然成为一个庞大的资金市场。而随着这个市场体量的日益庞大,对其的一些担忧也始终挥之不去。

其中,最大的一种担忧就是兑付风险会否集中爆发。在庞大的数量基数之下,风险必然存在,这是无法回避的事实。但所幸的是,偶尔爆发的数次兑付风险在出现端倪时,就被妥善处理。这其中,"刚性兑付"的潜规则也起到了积极的作用。但是对于"刚性兑付"的问题,投资者也需进行深思。

"潜规则"之所以为"潜规则",就是因为这不是在任何条件下都必须要无条件遵守的。随着信托产品市场的日益庞大,信托公司是否有能力坚守这一"潜规则"将打上一个大大的问号;与此同时,信托公司是否有必要坚守这一规则,也大大存疑。

近几年,信托产品市场爆发式增长的同时,一大弊端始终挥之不去,那就是资金投向的高度趋同性。如最初的政信合作产品,后来的房地产信托,这些领域中的信托资金比例过大,也为日后一段时间的信托兑付带来隐患。一旦相关行业或是领域出现系统性风险,那么问题将可能非常严重。

信托资金的高度趋同性的出现在种种内外因素制约之下,其出现是一种必然的结果。刚性兑付的存在,扭曲了"收益来自风险"这一基本常识。投资者在安全与收益之间,会觉得没有了关于安全的后顾之忧,而只将目光集中于高收益之上,从而使得收益率的高低成为很多投资者最为关注的事情,甚至是唯一的判断标准。而信托公司在进行产品设计时,又往往会陷入另一种困境。信托产品高速发展的几年,也正是金融危机肆虐的几年,很多投资市场的高风险特征明显,难以把控。事实上,在一些已有的尝试中,实际的效果也确实难以令人满意。于是,实体经济成为最符合逻辑的选择。但实体经济中,产业升级迟迟难以实现,能够为信托产品提供高收益的行业可说寥寥无几。因此,资金往往会被集中到现有的一些较高利润的产业中去。

因此,对于信托产品市场而言,改变必将到来,这种改变或许就在 2014 年出现。

首先,数十万亿元规模的信托产品市场,使得坚守刚性兑付成为一件信托公司难以承受之重的事情。对于信托公司而言,也需要一个为自己稳妥"解套"的机会。

其次,中共十八届三中全会之后的 2014 年,或许会在产业升级之上取得一些实质性的进展。

再次,随着国际金融危机之后的局面逐渐趋于稳定,投资者的心态也将会随之逐渐改变——从原先更多的追求固定收益的保守心态而逐步愿意尝试一下较为进取的浮动收益。

最后,随着金融领域的一系列改革措施的出台,在投资市场上将会出现更多的机会。

综上所述,2014 年或许就是信托市场出现改变的一年。

6. 基金——机遇大于风险

中国基金业在 2014 年依然难以摆脱"靠天吃饭"的窘境,但是随着基金产品在设计上的一些创新,不同基金之间的业绩分化将可能更趋明显。

对于股票型基金而言,证券市场的表现将直接左右股基的整体业绩水平。对于 2014 年的证券市场,情况将较 2013 年有明显的改善,相应地对于股基的表现也可寄予很大的期望。但是,值得注意的是,由于一系列新政的实行,各不同板块个股在 2014 年的表现将可能出现明显的分化。因此,与此相对应的一些专注细分板块的基金,其业绩将会在 2014 年出现明显的分化。

其中部分指数基金可能遭遇较大的困难,如创业板指数基金、中小板基金等。由于新股注册制的影响,未来新股发行定价下降将成为一种必然。这必然对创业板以及中小板原有的估值体系产生巨大的冲击。同时,新股 IPO 重新开闸之后,数量巨大的拟上市新股也将对这些小股本市场产生巨大的压力。因此,对应的各指数基金将可能面临较大的系统性风险。

2014 年的基金市场将会在另一个新兴市场上全面发力,那就是互联网金融。自 2013 年中支付宝与天弘基金合作推出余额宝取得巨大成功之后,其余各基金公司见猎心喜,纷纷踏足互联网金融。因此,互联网金融将成为各大基金公司在 2014 年角逐的一大主战场。

但是,值得重视的是,基金公司在互联网金融中的产品面临着更为严重的同质化竞争——无一例外的都是货币基金。这使得各基金公司在这一新兴市场中的竞争,最终可能演变成业务通道的竞争。

总体而言,对于基金而言,2014 年将是机遇大于风险的一年。

7. 私募——积极备战 2014 年

私募产品,尤其是专注于证券市场的阳光私募产品,对于证券市场行情的依赖程度之高是不言而喻的;私募经理们对于市场的敏感程度之高,也是不言而喻的。

随着 2013 年 11 月,中共十八届三中全会的胜利召开以及其后一系列与证券市场相关的利好政策的发布,私募经理们已经开始积极备战以期在 2014 年占得先机了。

基于 2014 年行情好于 2013 年的判断,私募尤其是阳光私募的整体业绩表现或许会优于 2013 年。当然,不同私募基金之间的业绩分化依然难以避免,但是差距或许在一定程度上会有所缩小。

同时,除了传统的私募基金以外,其他一些类型的私募产品也将获得更大的发展空间。

很显然,随着 IPO 的重启,专注新股市场的私募产品也必将重现。当然,随着新股发行注册制的实施,综合能力更强的私募产品更能从中获益;优先股的试点,也必将引起私募的强烈兴趣;个股期权的预期,也将使得私募产品的投资领域以及投资方式大大拓展。

对于更多专注于高风险市场的私募产品而言,除了大环境向好的预期以外,另有一个向好因素也是不容忽视的,那就是投资者的投资心态正在悄然改变。不同于前几年,投资者普遍的厌恶风险心理,越来越多的利好预期正使得投资者逐渐开始愿意尝试部分较高风险的产品。这显然也使得 2014 年的私募前景愈加向好。

8. 券商产品——面临又一发展机遇

对于券商产品而言,2014 年或许又将面临一大发展机遇。

2013 年,受惠于《证券公司客户资产管理业务管理办法》及配套实施细则,券商产品中的小集合产品等同于获得了"全牌照",交易所内的、银行间市场的,甚至银行的理财产品都可涉足,从而使得券商小集合产品获得了一大发展机遇。据业内人士推测,2013 年券商产品的总量迅猛增长,已经突破了 10 万亿元。

但是,从产品的构成来看,与其他类型的理财产品如信托、基金、银行产品存在着高度的趋同性。因此,这种增长更可看作是由于政策红利而分享到了理财市场快速增长的红利。

而 2014 年,券商产品可能再次面临着较好的发展机遇。这主要是基于 IPO 重启、个股期权以及较好的证券市场行情预期。不可否认,券商的专业性以及优势主要体现在证券市场上,无论是二级市场还是 IPO 市场,其优势都不是其他金融机构所能替代的。相信在 2014 年,各券商不会坐视发展机会的到来而无动于衷。

届时,券商产品中投资于证券市场的数量将会明显增加,专注于二级市场的产品、专注于一级市场的产品、更多运用杠杆的产品、对冲类产品,这些产品可能会更多地出现在投资者的视线中。当然,这对于各券商的专业能力也是一大考验。由此而带来的收益分化,也是券商产品未来的一大特点。

9. 保险产品——回归保障功能

对于中国的保险市场而言,虽然保费收入节节攀高,但是却存在着一个最大的弊端,那就是保险产品正在失去其本原。保障无力的现实,使得保险产品已经日益成为一种与其他理财产品无差异的产品种类了。

但是,2014 年的保险产品或许会出现新的变化,回归保障功能将可能成为一种趋势。

2013 年 8 月,中国保监会宣布放开持续 10 多年的普通型人身保险预定利率上限,改由各保险公司自主决定。这一决定对于传统的保障型产品而言,无疑是一大利好，从而可能导致寿险产品市场在产品结构上出现变化。与预定利率密切相关的养老、重大疾病、医疗保险等险种的保障条款将得到很大的加强，从而使其吸引力大大增强。

同时，养老保险的改革也需要保险产品在其中发挥更大的积极作用，需要保险企业推出更多、更有竞争力的养老型产品。而一直悬而未决的个人税收递延型养老保险也将是一大潜在利好。

2009 年 4 月，国务院发文明确提出："由财政部、税务总局、保监会会同上海市研究具体方案，适时开展个人税收递延型养老保险产品试点。"在 2013 年的上海市政府工作报告中透露，上海市将开展个人税收递延型养老保险等创新试点。虽然这一预期利好未能如期兑现，但是考虑到目前养老形式的严峻性，该利好的兑现应值得期待。

很显然，政策上的改变以及相关利好预期的加强，将使得保险产品的保障性功能逐渐凸显。

图书在版编目（CIP）数据

2014 中国理财市场报告/上海《理财周刊》社，第
一理财网编著.—上海：上海人民出版社，2014
ISBN 978 - 7 - 208 - 12109 - 6

Ⅰ．①2… Ⅱ．①上…②第… Ⅲ．①金融市场-研究
报告-中国-2014 Ⅳ．①F832.5

中国版本图书馆 CIP 数据核字（2014）第 036144 号

策　划　吴　申
责任编辑　罗俊华
封面装帧　陈　楠

2014 中国理财市场报告

上海《理财周刊》社
　　　　　　　　　　编著
第　一　理　财　网

世 纪 出 版 集 团
上 海 人 民 出 版 社 出版
（200001　上海福建中路 193 号　www.ewen.cc）
世纪出版集团发行中心发行
常熟市新骅印刷有限公司印刷

开本 720×1000　1/16　印张 13　插页 2　字数 201,000
2014 年 4 月第 1 版　2014 年 4 月第 1 次印刷
ISBN 978 - 7 - 208 - 12109 - 6/F·2218

定价 38.00 元